编 委 会

爱
信托
与家庭

一本书读懂信托在
家庭治理中的作用

主 编 王永刚

ZHEJIANG UNIVERSITY PRESS
浙江大学出版社
·杭州·

图书在版编目（CIP）数据

爱、信托与家庭 / 王永刚主编 . –– 杭州 : 浙江大
学出版社 , 2023.1
　　ISBN 978–7–308–23326–2

　　Ⅰ . ①爱… Ⅱ . ①王… Ⅲ . ①家庭教育－教育投资－
信托投资－研究－中国 Ⅳ . ① F832.49

中国版本图书馆 CIP 数据核字 (2022) 第 226180 号

爱、信托与家庭

王永刚　主编

策划编辑	吴伟伟
责任编辑	马一萍（pym@zju.edu.cn）
文字编辑	谢艳琴
责任校对	陈逸行
封面设计	李腾月
出版发行	浙江大学出版社
	（杭州市天目山路 148 号　　邮政编码　310007）
	（网址：http://www.zjupress.com)
排　　版	壹品设计工作室
印　　刷	浙江全能工艺美术印刷有限公司
开　　本	880mm × 1230mm　1/32
印　　张	6.75
字　　数	145 千
版 印 次	2023 年 1 月第 1 版　2023 年 1 月第 1 次印刷
书　　号	ISBN 978–7–308–23326–2
定　　价	88.00 元

序

国家治理、公司治理、家庭治理,三层治理体系由大到小、相互关联、相互影响,共同构成社会关系的图谱。在中国人的传统观念中,家庭是维系情感的纽带,人们甚少将"治理"一词与家庭关系联系在一起,但事实上每个人都无法回避这一"小而重大"的问题。

国家治理依靠法律,公司治理依靠文化。家庭关系中也适用法律法规,但在日常生活中,人们很少用冷冰冰的法律来处理家庭关系,一般是依靠既看不见又摸不着,但却能感悟到的东西——情感来维系。情感不是一成不变的,它也在不断成长和更新。一个家庭要想和谐幸福,就需要遵循一定的原则,处理好依靠情感维系的家庭关系,家庭治理除了依靠道德和情感,也离不开一定的经济基础。如何通过规划财产来保障家庭的经济基础,突出信托制度在家庭治理中的作用,是本书主要探讨的内容。

与发达国家相比,中国的信托制度才刚刚起步,国民对于信托的了解还不够全面,我们从网络、电视上看到听到一些国内外富豪设立家庭信托和慈善基金进行财产管理时,只觉得这些事情似乎离我们很遥远。然而,随着信托行业不断转型,"服务信托"开始走进人们的视野,尤其是家庭信托,为家庭治理提供了重要工具。

当下，大多数中国家庭认为下一代的培养是头等大事，人人都希望孩子拥有一个美好的未来，竭尽所能为孩子提供各种条件。按照孩子的成长周期，制定一个长期的激励方案和保障计划是家庭教育信托的主要内容。

孝道是中华民族的传统美德，但"孝"属于道德范畴，因人、因时而异。现代社会中不再是"不孝有三，无后为大"，"丁克家庭"也颇为流行。独生子女和老龄社会所带来的一系列问题，已成为现代家庭不得不面对的现实问题。本书介绍了现代"信托制度"所探索的一种新型的养老模式，即"孝（养）基金"。

慈善是一条红丝线，把"家庭慈善"作为家庭关系中的一盏明灯，无疑能使家庭成员感受到一种温暖。"家庭慈善"是家庭文化中不可分割的一部分，建立和谐的家庭关系，培育家庭成员的互助心，对于下一代的心理健康教育而言意义深远。

万向信托是国内最早探索家族信托的金融机构之一，在理论和实践方面具有行业领先的优势，并且形成了非常鲜明的特色。本书中的一些案例是万向信托同仁在工作中所遇到的，我们将这些真实故事匿名化处理后呈现给大家，希望对广大读者有所启发。

王永刚

万向信托总裁

目　录

第一章

家庭资产配置

　　人类社会生生不息，个人的成长离不开家庭。一个人从出生到成年，由为人子女到成家立业再到养育下一代，"家庭"的概念伴随着人的一生。

　　我们经常能看到这种现象：夫妻吃得起共同创业的苦，却不能共同享受事业成功的甜；吃不饱穿不暖的时候，兄弟姐妹之间非常团结，大的拉扯小的，条件好的帮助条件差的，但是当大家生活水平都提高了以后，反而老死不相往来；父母经济条件不好时，孩子们能一起吃苦奋斗，但是当父母经济条件好了，兄弟姐妹之间反而会因为父母或多或少的偏袒而闹矛盾，推诿赡养老人的责任，甚至因为遗产纷争而诉诸法院。

　　家庭关系是一种复杂的社会关系。家庭治理主要围绕着家庭成员之间的财产关系展开，也会影响到家庭成员的情感关系。本书从"理性"处理财产关系、营造良好亲情关系的角度来探讨家庭关系的管理问题。

一、家庭关系与家庭结构

家庭关系反映了家庭成员之间的互动与联系。本书主要关注两方面——"亲子关系"和"夫妻关系",这是中国现代家庭的基础。

经济上由"丈夫为支柱"转变为"夫妻共同为支柱"

中国的社会结构中,传统的农业社会以家庭和家族为中心,家国同构的格局赋予家庭关系以浓厚的伦理意义,男性长辈具有绝对的权威。随着工业生产的发展,丈夫的收入比重明显下降,妻子的收入比重相应提高,夫妻收入均成为家庭的经济来源,中国的家庭关系正发生着巨大的变化。

中国经济与社会文明的高速发展和女性力量的崛起,促使家庭结构的权力平衡发生新变化,女性也在重新审视家庭财产关系、抚养与赡养关系、监护与继承关系等问题。越来越多的女性开始选择使用法律与金融工具保护自己的合法财产,家庭的经济关系也从以"丈夫为支柱"转变为"夫妻共同为支柱"。

家庭轴心从"亲子轴心"逐渐转向"夫妻轴心"

《韩非子·备内》有云:"夫妻者,非有骨肉之恩也,爱则亲,不爱则疏。"爱情是婚姻的基础和根本,然而,婚姻也是社会风俗习惯和法律法规的结合物,是一种社会行为,会受到社会环境和文化背景的影响与制约。在现代社会,这种影响和制约显得更为突出、复杂。

在传统的中国社会中,亲子关系是家庭关系的轴心,代表了家庭关系的主要方面和主要方向。这种关系有四种基本特征和表现形式:一是结构上亲子关系重于夫妻关系,夫妻关系靠亲子关系调适;二是观念上重视父系传统,崇尚孝道,崇拜祖先;三是功能上以传宗接代为本,"不孝有三,无后为大",断子绝孙被认为是最大的不孝;四是区位上从夫而居,传统的婚姻是娶妻嫁女,男性不离本家,把外姓女子娶过来。这些基本特征和表现形式的核心是家长制,而以亲子关系为主轴则是中国传统家庭关系的本质。

经济的发展给人们带来的最显著变化是职业选择的多样化和地区流动的便利化。一方面,产业转换的市场法则改变了人们从业身份的单一性;另一方面,人们受教育程度普遍提高,年轻一代在文化程度、职业层次、经济收入等方面与其父辈的分化开始加剧，这无疑打破了传统家庭的资源配置模式和权力平衡。

长辈在财产和能力方面不再具有绝对优势，子女对父母的依赖性逐渐减弱，尽管父母在子女的生活中仍然发挥着相当重要的作用，但已不再充当拥有绝对权威的角色。例如，在婚姻决定权上，包办婚姻已没有市场，婚姻自主意识已深入人心；在子女教育上，父母的影响力大为减弱，子女行动的自由度加大；在婚育目的上，年轻一代也改变了传统的"搭伴过日子""传宗接代"和"养儿防老"的思想，对婚姻的情感生活和生活质量的要求也相应提高。

年轻一代对夫妻关系本身的质量，特别是对个人在家庭关系中的位置和内心感受予以更多的关注，也提出了更高的要求。他们不愿再通过委曲求全或以牺牲自己的幸福为代价去维持家庭的稳定和完整。个人本位的婚姻价值原则促使家庭关系以夫妻轴心代替亲子轴心，婚姻当事人更看重夫妻双方的互动和情感交流，更崇尚平等、自由的夫妻关系。

随着思想的进一步解放，中国出现了"丁克家庭""周末夫妻家庭"与"伴侣家庭"等现象，与此同时这也推动了夫妻对彼此权利义务的进一步追求，比如更追求自由与宽容，现代婚姻也因此显得更不稳固。随之而来的，便是复杂法律情形下的财产分割与传承。

夫妻地位在家庭关系中趋于平等

男女双方通过婚姻组织起来的家庭,具有与时代、社会相适应的组织形式和社会功能,在社会转型的过程中,社会经济结构、体制和文化观念的变化导致了婚姻观念、婚姻状态的变化,改变了中国传统家庭的夫妻关系,家庭中的权力逐渐从男性集权变为夫妻平权。主要表现在以下几个方面。

1. 婚姻自主权加大

过去的婚姻经媒妁之言,由父母做主,有一套封建性的婚俗方式,"嫁鸡随鸡,嫁狗随狗",从一而终。现在的年轻人大多是自己相识或经人介绍,通过相互了解,产生感情而自由恋爱,有相当大的婚姻自主权,即使双方父母反对也能自己做主。

2. 生育观念发生变化

在传统的农业社会里,生儿育女是女性的天职。由于文化水平低,缺乏生育知识,因此在生育的数量上,她们也无力做出决定,只能听之任之,一生可能要忍受几次甚至十几次生育的痛苦。更有甚者因为生育性别遭到不公正的对待,家庭地位非常低。随着社会的发展和宣传教育的深入,人们逐渐改变了"传宗接代""养儿防老"和"重男轻女""母以子为贵"的生育观,树立了男女平等的新观念。

3. 夫妻共同管理和平等支配家庭收入

随着中国社会的生产关系、生产方式、劳动组织和经济结构的重大变革，女性就业从"以务农为主的单一结构"转向"以务工为主的多元结构"。女性步入职场，拥有工作岗位，成为家庭经济收入的重要力量，共同参与家庭收入的管理和支配。

法律视角下的中国家庭关系

法律视角下的家庭关系以民法所调整的人身关系与财产关系为重点。自罗马法诞生以来，1804 年制定的《法国民法典》和1896 年制定的《德国民法典》纷纷沿用罗马法的立法精神，即民法首要调整的对象是因社会经济活动产生的财产关系，再次调整的对象是从人法中分解出来的身份关系。各国民法典发展至今，人身关系已经成为财产关系的前提，例如亲属法（婚姻家庭法）调整夫妻财产关系，继承法调整亲属间财产关系等。

《中华人民共和国民法典》（简称《民法典》）所调整的人身关系是指基于人身利益而发生的关系，包括以人格利益为基础产生的人格关系和以身份利益为基础产生的身份关系。在这里，我们主要讨论身份关系。

身份关系,是指基于一定的身份而产生的社会关系,例如因配偶关系而产生的身份权益——配偶权,因亲子关系而产生的身份权益——亲权,因其他亲属关系而产生的身份权益——亲属权,以及因监护、继承等关系而产生的身份权益等。这些社会关系表现的民事法律关系均为身份权关系。

家庭结构

家庭结构是人们家庭生活方式赖以形成的客观基础与条件。一个家庭的成员数量、代际家庭成员,以及他们各自发挥的角色作用,都会直接影响家庭关系、家庭日常生活以及家庭成员互动,也会给家庭生活方式打上特定的标记。

社会学家根据家庭结构的不同,将家庭类型简略分为:核心家庭(一对夫妻,还有一个及以上的未婚子女)、夫妻家庭(一对夫妻,没有孩子或者孩子已离开)、主干家庭(家庭中共同居住的人口由两代或者两代以上的夫妻组成,每代最多不超过一对夫妻,每一代的夫妻可能有两位,也可能只有其中一位)、联合家庭(家庭中共同居住的人口,某一代含有两对以上夫妻的家庭,包括其中一对是残缺的,其余隔代都是未婚者)、隔代家庭(由三代及以上人组成,中间有断代的家庭,如由祖孙组成的家庭)、同居家庭(居住在一起的伴侣,没有履行婚姻手续)。

　　总的来说,现代家庭的本质是一种社会细胞,它以共同的住处、经济的合作以及繁衍后代为特征。现代家庭的趋势是家庭成员范围越来越小——多是包括父母和子女的核心家庭。费孝通先生用三角形结构形象地描绘了核心家庭的内部特质。他指出,当一对配偶结婚后,"三角形"的两点已经具备,孩子的出生就形成"三角形"的第三点,一个"三角形"就形成家庭了。

　　然而,伴随着中国经济的高速发展,中国的家庭结构也在发生着巨大变化。在农村,越来越多的年轻人离开家乡外出务工,留下老人务农和抚养第三代,随之而来的是留守儿童的心理问题与农村老年人的养老问题;在城市,由于过去实行的独生子女政策以及受中国家庭普遍重视教育的观念的影响,许多优秀的人才(不论他们来自何种家庭)都集中在经济发达的大城市,因此产生了全国性的空巢老人养老问题和越来越多的年轻人不愿生育的问题。在许多国家,尤其是西方国家,伴随着女性力量的崛起,女性在经济上越来越不需要依赖男性,因此越来越多的女性不再追求婚姻制度的保护,而是将因婚姻制度导致的财产捆绑与共同生活的实质进行区分,纷纷选择"合法共同居住",而非"登记结婚"。

　　家庭结构的变化引起社会人口结构的变化,也带来了社会加速老龄化、养老压力增大、劳动力结构断层、家庭支出侧重改变等问题,直接影响了社会经济的发展、法律政策的制定。

中外家庭结构的比较

中国国内生产总值（GDP）的发展势头一直非常强劲。2021年，美国前三季度的 GDP 为 16.9 万亿美元，中国与其差距已经缩小到 4 万亿美元。

改革开放以来，中国 GDP 快速增长，文化领域的开放与包容使我们通过比较中国与西方国家的家庭结构，可以较好地总结出中国家庭结构的变化趋势，并分析出中国家庭目前正面临着的挑战。

当下，中国家庭大多只有一个孩子，而美国家庭相对来说拥有更多的孩子。其中除了计划生育政策的影响外，还有另一个原因，即美国存在更多的离异重组家庭和收养孩子的现象。相比较而言，这些现象在中国家庭中出现得较少。

家庭结构的差异也引起了家庭关系的不同。在独生子女政策时期，中国家庭系统更为简单，家庭成员面对的是相对简单的家庭关系，在这个阶段，大多数核心家庭只有三口人；而同一时期的美国家庭有子女间的兄弟姐妹的次系统，相对而言，他们的情感交流、互动会更加复杂。

多子女是美国家庭的传统特征，这和中国古代传统的大家庭相似。随着社会的发展，当代中国家庭结构和关系正在逐步改变，传统家庭转变成了核心家庭。结构完整、规模最小的核心家庭是目前中国城市独生子女家庭的主要类型。在子代家庭和祖辈家庭的关系上，独生子女家庭既比多子女家庭具备更有利的客观条件，又比多子女家庭表现得更积极，小家和大家之间的关系也更为亲密。独生子女家庭结构的中心化和平等化使得孩子处于家庭的核心地位，和美国家庭相对比，中国的独生子女更容易以自我为中心。

随着二孩与三孩政策的放开，中国 70 后与 80 后的核心家庭逐步出现多子女现象，其家庭结构更趋近于美国核心家庭的结构，在原先一子的核心家庭的基础上衍生出子女间的兄弟姐妹子系统这一家庭关系。

当前，作为社会生育主力的 80 后、90 后，出生时正好赶上了计划生育年代，其中大多数人是独生子女，因此在面对社会竞争、子女教育、购置房产等经济压力时，他们基本无暇再肩负起对上一代的养老责任。越是优秀的子女越是集中在发达城市乃至发达国家，而中国的老年人家庭多以夫妻家庭的形式存在，在这种形势下自然而然地就诞生了"空巢老人"。"空巢老人"的社会化养老问题是亟待解决的。

夫妻（同居）家庭的发展比较

少子化不仅是当下中国面临的棘手问题，也是世界各发达国家长期面临的社会问题。尽管有民族、宗教、文化等差异，但总体来说，随着经济的发展和收入的提高，生育水平逐渐下降是普遍趋势。

根据联合国《2021 年世界人口情况报告》，各国的总和生育率不尽相同。总和生育率是指一个国家或地区每个育龄妇女平均生育子女的数量。一般来讲，总和生育率达到 2.1 才能保证人口持续增长，也就是一个育龄妇女平均要生 2.1 个孩子。通常发达国家的总和生育率要低于发展中国家。让我们回顾一下几个国家的数据，首先是连续两年生育率"垫底"的韩国，其总和生育率为 1.1，平均每个育龄妇女只生育一个小孩，甚至有专家预言，如果韩国一直维持这般低生育率，整个国家有可能会在 100 年内消失。与韩国相似的是日本，总和生育率为 1.5。朝鲜的总和生育率则为 1.9。再来看看美国，总和生育率为 1.8，也不高，以往在电视里看到美国家庭大多有三个小孩，但是如今美国人的生育意愿也不高了，尤其是白人，预计在 2050 年，美国白人的数量将下降到美国总人口的一半。最后是我们中国，目前有 14.44 亿人口，基数很大，但总和生育率只有 1.7，比美国稍低。这些国家的总和生育率均低于 2.1。

造成全球少子化现象的原因主要是"晚婚晚育"越来越符合现代育龄家庭的理念,"晚婚不育"逐渐成为高学历家庭的选择,"不婚不育"更是当今年轻人的一种人生态度。同时,受环境恶化、工作与经济压力过大等因素的影响,许多育龄家庭也面临着生育困难的问题。

在全球生育率普遍降低和人口流动常态化的大背景下,越来越多的核心家庭逐渐以夫妻家庭的状态存在。这里的夫妻家庭不乏"空巢老人""丁克家庭"等,"空巢老人"家庭虽有子女,但子女不在身边。这类夫妻家庭的财产最终去处也成了令其烦恼的事。

20 世纪中期,欧美国家爆发了各种女权运动、人权运动,女性纷纷走出家庭,参与经济建设,并且获得了一定的经济回报。时至今日,许多女性在商业领域的成就甚至高于男性。她们逐渐意识到,婚姻制度存在的意义已不像过去那样仅用于保护女性财产继承权这么简单了,她们更愿意将个人财产的独立性与共同生活的实质进行区分。

同时,《中国婚姻家庭报告 2022 版》显示,中国的未婚同居率也在不断上升。出生于 1980—1984 年的男性的未婚同居率为 33.33%,女性则为 26.79% ;出生于 1985—1989 年的男性的未婚同居率为 37.99%,女性则为 33.13%。在没有一纸婚约的约束与保护下，当同居家庭出现一位同居者过世的情形时，另一位同居者并无法定的继承身份与权利。这样的家庭不得不提前做好规划，采用遗嘱或者信托的方式来安排另一半的生活。

家庭观念的对比

家庭观念的对比包括对待家庭成员的态度、子女教育、家庭与个人之间的关系等方面，中国家庭和美国家庭在这些方面存在一定的差异。

中国家庭非常重视子女的教养，尤其是中华传统美德的传承和家风的教养，并且普遍在子女智力培养上有较大的投入和期望。中国家庭更注重个人与集体（家庭其他成员）的融洽，更重视家庭的整体利益，比如"尊老爱幼""舍己为人"。

美国是一个移民国家，更多的是移民家庭对其族裔文化的传承。但是美国社会也非常注重家风传承与教育投资，这主要体现在精英阶层。

另外，美国家庭教育孩子更关注其个人层面的价值，其核心在于用合理的原则来处理家庭事务。在美国家庭中，个人是中心，享有最高的价值，并且是高度独立的。家庭即使为某一个人做出了重大的牺牲，也并不期望这个人以服从和尊敬家庭其他成员作为回报。但是由于个人将自己视为家庭中最重要的成员,他们必须对身边的人彬彬有礼以保护他们所享有的权利。

美国的父母将生养子女、教育和社会责任看得同等重要,并不期望从子女那里获得报偿。这和中国传统的"养儿防老"的观念有很大不同。因此,当美国核心家庭退化为夫妻家庭时,尤其在精英阶层,他们更愿意将"慈善"作为家庭财产的终途。

二、中国特色的"四二一"家庭结构

什么是"四二一"家庭

"四二一"家庭,是指一对独生子女结婚生子后,两个年轻人要承担起四位老人的养老重任,并且承担一个孩子的家庭压力。这样的结构遵从于广义的家庭户的概念,是基于婚姻关系、血缘关系和收养关系而形成的社会共同体,强调的是代际关系。这里的"二"是指双独夫妇(两位独生子女婚配),"一"是指双独夫妇的孩子而且也是独生子女,"四"是指双独夫妇的四位父母。

"四二一"家庭的养老困境

家族绵延在中国人的心中是一个难以改变的情结,正是这样的情结使得他们老了以后更看重自己与子女生活的融合性。比如说,老人愿意为子女分担养育下一代的重任,进而愿意和子女生活在一起;同样地,尽管在自己有行动能力的时候,他们倾向于独立生活,但是当自己真正老去的时候,内心深处还是渴望与子女共同生活。因此,在"四二一"家庭中,老人更倾向于与"二"形成一个紧密联系体,实现养老目的。

但是与发达国家的人口老龄化不同的是,中国的人口老龄化有明显的"未富先老"问题,这就衍生出独生子女力不从心的孝亲养老问题。这种力不从心表现在三个方面:一是主体困境,行孝主体的日益缩减是造成"孤独死""空巢老人"等社会现象的主要原因;二是经济困境,受限于"未富先老"的经济现实,老人的退休金以及社保不足以支付高额的养老医疗支出、养老院支出等费用时,子女面对的经济压力就会变得更大;三是精力困境,面对工作和生活的压力,子女们的精力应付不足,导致陪伴父母的时间必然减少。

从长期来看,"四二一"结构必将导致独生子女夫妇养老负担过重和大量"空巢家庭"的出现。在非独生子女的情况下,父母的赡养靠多子女共同承担，是"多对一"的支撑关系，赡养负担分散化。在这种情况下，每一对父母有条件选择与至少一个已婚子女生活在一起，形成直系家庭。而"四二一"结构中则是一对夫妇赡养两对父母，是"一对二"的支撑关系，体现为赡养负担的集中化。在这种情况下，"空巢老年家庭"必然增多，仅靠子女养老已经不可能满足老龄化社会的正常需求，必须寻求其他的解决办法。

另外，在假定儿女同等孝顺的情况下，家庭养老的质量与儿女数量的关系呈正相关。老年父母所获得的养老资源就是每个儿女提供的养老资源与儿女总数之和。通过生育形成的家庭人力资源是老年父母晚年养老的基本保障，其他的由下而上的养老资源在很大程度上都是生育资源的转化。由于独生子女具有唯一性和不可替代性，所以独生子女家庭的养老比非独生子女家庭风险更大，表现为两个方面：一是独生子女如果中途发生伤残事故，独生子女家庭就可能丧失基本的养老资源；二是不同于多子女家庭，父母有需求的话，独生子女只能依靠自己解决。

因此，创新发展各种法律、金融、公益、社会组织等工具，来应对中国特色的"四二一"家庭结构所面临的各种家庭与社会问题，已经迫在眉睫。

三、中国家庭财产制度

什么是家庭财产

在农村社会，家庭具有独立的经济地位，尤其是作为农村家庭财产重要组成部分的土地承包权、宅基地使用权等财产性权利的主体是家庭而不是个人。在城市家庭中，"家"的传统观念亦根深蒂固，家庭财产往往用于一家人的生活、学习，以及老人的赡养等。

中国家庭财产的演进形式：从"同居共财"到"夫妻财产"

从宏观上说，世界范围内的家庭财产演进史具有趋势上的一致性，只是由于不同国家和地区的生产力发展水平、民族文化、国家权力结构发育的模式不同，当前不同国家的家庭财产演进阶段会有差异。世界各国（主要指发达国家和发展中国家）的家庭财产归属的演进主要经历了两个阶段：一是古罗马法时期（中国秦汉时期）父权制社会下的同居共财；二是以法国民法典颁布为标志的规定，自然人通过继承、赠与、契约、婚姻关系等方式获得财产。

　　世界家庭财产的演进过程也从侧面印证了社会学家费孝通所提出的中国家庭关系的演进规律，即联合家庭向核心家庭的演变。

　　传统社会都经历过"父权制"社会，即大家长（父辈）掌握了分配财产的极大话语权。罗马法中的"家父"（paterfamilias）是罗马法律唯一承认的完人，具有完全权利能力。在"家父"面前，家中任何成员都会被剥夺一切合法权利，妻子儿女并不比奴隶或牲口的权利多。他的子女，无论年龄大小，皆受制于"家父"的生杀权。只有"家父"能够拥有财产，一切由子女取得的东西均归他所有。当"家父"死后，儿子立即成为"家父"，具有父亲原来对女人、孩子与财产的权利。

　　笼统说来，在古代"父权制"社会中，"同居共财"并不代表"家庭成员共同所有"，但是也并不代表"家长独有"。在这种家庭财产混同的形态下，某一个家庭成员死亡并不会导致家庭财产发生新的归属，不会产生现代意义上的遗产继承。这种混合性，使财产不会因为某人的死亡而消解，而会像从前一样由作为残存成员的儿子们继续保有，父亲的人格在儿子的身上得以传承。

　　但是随着生产力的提升，社会财富的增加，尤其是个人财产私有制确立后，开始出现法律意义上的继承。学者约翰·安德鲁（John Andrew）在其《早期罗马法中的女性》一文中明确写道：

"对于父亲所拥有的遗产，女儿同家中男子一样享有平等继承之权利，以期证明女性没有因为婚姻而离开其所属的家庭。这样的情形是建立在女性处于无夫权婚姻的基础之上。处于有夫权婚姻之下，当丈夫去世之后，妻子同她的子女享有平等继承丈夫遗产的权益。"

步入近现代社会，"男女平等""个人财产制度"等理念被广泛接受和理解，从新中国成立后的三次婚姻法的立法改革可见一斑。1950年《婚姻法》仍然在使用"家庭财产"一词，尚未完全否认家庭财产制；1980年《婚姻法》用"夫妻共同财产制"取代了"家庭财产制"；2001年《婚姻法》愈加重视对个人财产的保护，扩大了个人财产的空间。之后，最高人民法院陆续出台的三部《婚姻法解释》更加强化了个人主义原则。个人财产制度的演进推动了个人财产继承制度的发展。

夫妻财产制度

《民法典》婚姻家庭编以家庭伦理秩序为基础，承载着自然血缘与超越功利的情感和传统。其中的夫妻财产制度一方面深受伦理秩序的制约，另一方面又具有司法领域内的财产法属性，因而天然地存在伦理秩序与经济秩序、家庭团体主义与个体主义、夫妻共同体意志与个人意志之间的冲突问题。

　　夫妻财产制度以夫妻间的财产关系为内容，可以分为结婚夫妻财产制度与离婚夫妻财产制度。前者包含夫妻财产的分配与流转、夫妻债务的认定与清偿等，后者包括离婚财产的分割及补偿、离婚抚养及损害赔偿等。

　　中国传统文化中经常以"并蒂莲""比翼鸟""连理枝"等词语来形容夫妻之间亲密的关系，古人把夫妻视作一个共同体，用法律语言来说就是夫妻拥有同一"人格"。但是事实上，在近代民法中，"夫妻共同体"与"家"并不具有独立的法律人格。民法所调整的对象是自然人、法人和非法人组织之间的人身关系与财产关系，而"夫妻"或者"家庭"是两个自然人共同生活的组合，自然不具备法律意义上的人格。

　　现实中，当夫或者妻一旦以个人名义或团体成员的资格参加社会经济活动时，夫或者妻一方所从事交易的结果均与另一方配偶的财产直接或间接相关，也就是现实生活中人们经常将夫或妻一方的决定视作夫妻共同的决定。这种现象用法律语言来表达就是，夫或者妻一方拥有对另一半的家事代理权。正如《民法典》第一千〇六十条所规定的："夫妻一方因家庭日常生活需要而实施的民事法律行为，对夫妻双方发生效力，但是夫妻一方与相对人另有约定的除外。夫妻之间对一方可以实施的民事法律行为范围的限制，不得对抗善意相对人。"

在夫妻分别财产制度下，夫或者妻一方处分财产或者设定债务时，法律关系简单而清晰；但在夫妻共同财产制度下，夫或者妻一方对财产的处分或者共同债务的认定及清偿则要复杂得多。中国民法对夫妻财产的归属采用的是夫妻共同财产制度。因夫妻拥有对彼此的表见代理权，所以夫或妻在参与社会经济活动的时候经常被认定为夫妻共同的行为，进而经常发生夫妻共同财产与共同债务的争议问题。

尽管各国民法均支持婚姻存续期间夫妻对他们的财产拥有共同所有权，但是毕竟婚姻是两个具有独立思想的个人的契约联合，支持夫妻共同财产制度也并不代表无理由地剥夺婚姻中的个人对其个人财产主张权利的权利，事实上要划清楚夫妻共同财产与个人财产的标准是非常困难的。因此，在离婚的场景下，经常发生夫妻双方就分割共同财产发生争议。如果硬要厘清一个标准的话，那就是，在中国民法历史演进过程中，法学家对夫妻法定财产制的总体表述为"婚后劳动所得共同制"。也就是说，并不排除婚内个人拥有个人财产，也不把所有财产都一股脑儿认定为夫妻共同财产，而是不断地衡量是个人财产还是共同财产，即在婚姻存续期间夫妻是否通过各自的劳动、家务，以及有同等评价的"协力"或"贡献"，使得家庭财富增长。

遵循这样的原则，《民法典》还是大致沿袭《婚姻法》所规定的夫妻共同财产与个人财产的类型，仅仅新增劳务报酬和投资收益为夫妻共同财产。

夫妻"共同财产"和"个人财产"的规定与区分

1. 共同财产的规定

《民法典》第一千〇六十二条规定，夫妻在婚姻关系存续期间所得的财产，为夫妻的共同财产，归夫妻共同所有："（一）工资、奖金、劳务报酬；（二）生产、经营、投资的收益；（三）知识产权的收益；（四）继承或者受赠的财产，但是本法第一千〇六十三条第三项规定的除外；（五）其他应当归共同所有的财产。夫妻对共同财产，有平等的处理权。"

2. 个人财产的规定

《民法典》第一千〇六十三条规定的夫妻一方的个人财产："（一）一方的婚前财产；（二）一方因受到人身损害获得的赔偿或者补偿；（三）遗嘱或者赠与合同中确定只归一方的财产；（四）一方专用的生活用品；（五）其他应当归一方的财产。"

那么问题来了，个人婚前财产在婚后产生的孳息到底归谁？

3. 共同财产与个人财产的区分

《民法典》颁布之前，回答此类问题一般依据《婚姻法解释（三）》第五条："夫妻一方个人财产在婚后产生的收益，除孳息和自然增值外，应认定为夫妻共同财产。"但是这大大增加了区分婚前个人财产的法定孳息、增值与投资收益的难度。例如，婚姻关系存续期间，一方婚前不动产的租金收益既是孳息也是投资收益，股息是孳息，属于个人财产，但是红利又被视为投资收益而属于夫妻共同财产，然而股息、红利表达的却是同一个意思。再例如，一方婚前购买的股票或基金在婚后发生了增值，有可能是因为一方付出了劳动，这些增值属于主动增值，理应属于夫妻共同财产；也有可能一方在婚后未对股票或基金等进行任何操作，收益部分属于被动增值，但若简单将其认定为个人财产又有些不合理。现实中存在此类情形，尽管一方在婚后并未对这些资产进行任何操作，但是有可能是因为一方长时间观察股市行情但是不操作而获益。

因此，《最高人民法院关于适用〈中华人民共和国民法典〉婚姻家庭编的解释（一）》第二十五条对这个问题又加以补充。婚姻关系存续期间，下列财产属于民法典第一千〇六十二条规定的"其他应当归共同所有的财产"：（一）一方以个人财产投资取得的收益；（二）男女双方实际取得或者应当取得的住房补贴、住房公积金；（三）男女双方实际取得或者应当取得的基本养老金、破产安置补偿费。

由此可见，《民法典》及相关司法解释文件扩大了夫妻共同财产中的投资所得的范围。基本上个人的股票、基金、租金等婚前财产因为具有风险性和不确定性，通常离不开配偶的支持和帮助，不论是主动投资还是被动投资，其收益均可被认定为夫妻共同财产。但是一方婚前财产的自然增值与非投资经营性收益（例如不动产增值部分与银行存款）与另一方配偶的贡献无关，那么可以将其排除在"投资的收益"范围之外，而作为个人财产。

近年来，股权在夫妻财产中的占比越来越重。然而，中国商事法律规范回避了股权共有问题，采取严格的外观主义，自然人享有的股权均记载于确定的个人名下，并不考虑背后的共有关系。中国理论界认为，应当根据外观主义判断股权的归属，股权本身不属于夫妻共同财产，股东的配偶享有的是股权收益权。现实中也有相当数量的判决认为，股东独立行使和处分股权的行为属于有权处分，其配偶并不享有股东权利，仅对股权的收益享有共有权。

事实上，股权是股票持有者的权利表现形式，如果持有者以夫妻共有的工资、生产经营等所得购买公司的股票，那么这个股权作为股票的权益形态，与物权、债权一样，本身就属于夫妻共同财产的范畴。但是，股东除了获得股份收益外，还具有《公司法》意义上的独立人格，依法享有投资收益、参与重大决策和选择管理者等权利，其权利涉及商事组织的内部治理。因此，配偶不能共有该独立人格，婚姻家庭编的内部结构不得影响财产法外部结构的效力。

四、家庭生命周期与资产配置

随着中国经济的稳步发展，国民经济已经逐渐进入加速转型期，中国居民家庭的经济收入、消费能力、生活质量正日益提高，家庭的可支配收入日益增加。如何合理有效地进行家庭资源配置已经成为社会重点关注并热烈讨论的话题。

家庭生命周期

所谓家庭生命周期，是指在一定的社会生产方式下，一定的地域范围内，一定的家庭类型从产生到消亡所经历的时间。杜瓦尔（Duvall）把家庭生命周期分为八个阶段：①新婚夫妇；②生育孩子的家庭；③有学龄前儿童的家庭；④有在学孩子的家庭；⑤有青少年子女的家庭；⑥子女出走的家庭；⑦空巢家庭；⑧老年家庭。

如果用"生老病死"四个字来总结人的一生的话，那么一个家庭的一生也经历着"家庭结合""子女出生""抚养子女""养老送终"等几个重要阶段。

生命周期投资理论

20世纪60年代，莫迪利亚尼（Modigliani）、布罗姆贝格（Brumberg）、安藤（Ando）共同提出了生命周期假说。该假说认为，人的一生可以分为青年时期、中年时期和老年时期三个阶段。通常人们在青年时期时收入较少，但是预期未来的收入会增多。因此，处于青年时期的人们更多地倾向于将绝大多数的收入用于消费支出，故这一阶段的边际消费倾向普遍较高，而储蓄率则相对偏低。人们处于中年时期时，收入会较青年时期有所增加，这时期需要考虑未来的养老问题，需保留一部分收入用于储蓄。因此，这阶段消费的比例有所降低，边际消费倾向减少，储蓄率提高。人们退休后，收入会降低，自然而然会用以前的储蓄进行消费，因此在老年时期人们的储蓄率又开始下降，而边际消费倾向则有所提高。

综上，在生命周期的不同阶段，收入和消费的比例在不断发生变化，储蓄率和边际消费倾向也在不断改变。根据生命周期假说，社会上的每个人均处于各自不同的生命周期阶段，如果社会的人口构成没有发生突变，那么从长期来看，社会整体的边际消费倾向是趋于稳定的。只有当社会人口构成发生重大变化时，边际消费倾向才会随之发生改变，即如果社会上的年轻人和老年人增多，则边际消费倾向会增加而储蓄率会减少，如果社会上的中年人比例增加，则边际消费倾向会降低，而储蓄率将增加。

与个人的生命周期理论类似，家庭也有相应的生命周期。家庭生命周期，顾名思义就是整个家庭从诞生到最后消亡的过程。其中，家庭的诞生，指的是男女双方通过法律程序正式结为夫妻组建新的家庭。家庭最后消亡，指的是男女双方组建家庭后双方离异或夫妻双方去世使得家庭消失。

家庭生命周期的概念与个人生命周期的概念的类似之处在于，一个家庭处于生命周期的不同阶段所面临的收入消费偏好等外在因素是不同的。这些外在因素的差异性会引起家庭消费效用的变化，而家庭消费效用的不同将会对家庭每个时期的资产配置决策产生重要的影响。

家庭金融资产

家庭资源包括家庭拥有的有形资产和无形资产，其中，有形资产由家庭资产和家庭人力资源组成，无形资产以家庭拥有的声誉、家风、社会声望、门第血统和其他社会关系为代表。家庭资产又属于家庭资源的范畴，家庭金融资产是家庭资产的一个重要组成部分。

家庭资产一般是指家庭拥有和控制的，能以货币计量的财产、债权和其他权利。从家庭资产的定义可以看出，与家庭财产不同，家庭资产不包括负债，以净资产的形式表现出来。实物资产是指以实物状态存在的，包括不动产，如土地、房子等，也包括耐用消费品，如电视、空调等，以及其他的生产性固定资产。与实物资产相对立的金融资产，是以非实物状态或者以一种有价形式出现的资产，包括现金、储蓄、债券、股票、基金和保险等。按照是否有货币职能，可以将家庭金融资产划分为货币性金融资产和非货币性金融资产两类。

从载体上看，家庭金融资产是家庭持有的各种载明债权和所有权关系的信用凭证；从流程上来看，它是作为资金融通"血液"的金融工具；从来源上看，它是家庭各期收入的消费结余，也即是家庭储蓄的存在形式。

改革开放 40 余年，国家经济的高速增长，国民收入的持续增加为居民金融资产总量迅速增长奠定了物质基础。同时，随着市场经济体制的日益完善、资本市场的不断发展以及居民理财观念的逐渐更新，中国家庭金融资产结构逐步呈现出多元化发展趋势。

由于目前中国没有专门的家庭金融资产持有量的权威官方数据，相关的研究大部分都是采用统计局等来源的数据进行估算。简单来讲，中国家庭的金融资产可分为现金、储蓄存款余额、股票基金资产、债券资产、居民保险和外汇存款等六大类。

总之，家庭作为社会的基本组成单元，其经济活动在市场经济行为中起到了重要的作用，合理有效的资产配置可帮助家庭合理规划资产、控制财务收支平衡、调节财务状况、妥善应对突发事件，更可以引导家庭进行合理消费、健康理性投资，在家庭收入不变的情况下取得更大的效用。

第二章

✢ 中国家庭教育与家庭教育信托 ✢

　　"生老病死"可以概括人的一生，一个家庭的"一生"也经历着"家庭结合""子女出生""抚养子女""养老送终"等几个重要阶段。在这些重要阶段中，子女教育支出又无疑是重中之重。本章将着重讨论中国家庭教育的现状与特征、教育支出现状以及家庭教育信托的创新型思路。

一、中国家庭教育现状

中国家庭历来非常重视教育，随着经济的不断发展，教育已经成为社会及家庭广泛关注的热点话题。越来越多的家长意识到，家庭可以通过教育投资提升人力资本，获得收入回报，实现阶层的向上流动。同时，社会也会受益于家庭教育投资所带来的短期经济增长和长期经济发展。

由于普通民众对教育的需求日益增长，家庭教育支出已成为中国教育总投入的重要组成部分。随着教育市场力量的持续壮大，从幼儿早教到九年义务教育，再从职业教育到高等教育，家庭在子女教育上的支出也在不断增加。

普遍重视家庭教育支出

中国的家庭教育支出既可以分为以基础教育（学科）为导向的支出和以素质教育（兴趣爱好）为导向的支出，又可以分为校内支出和校外支出。

在80后与90后的成长过程中，由于计划生育政策，中国的父母普遍存在"望子成龙""望女成凤"的心态，因而十分重视基础学科的教育支出。这种共识并不区分城乡地域与家庭富裕程度。

时至今日，80 后与 90 后也已为人父母，他们不仅无法放弃对高质量的基础学科教育的追求，而且更关心以及注重培养下一代的精神内涵与兴趣爱好，教育支出已经从校内广泛延伸到校外，教育成本也水涨船高。

《2017 中国教育财政家庭调查数据报告》显示，全国中小学阶段每生每年平均教育支出为 10374 元，占家庭总支出的 15.6%。平均来看，教育支出中的 2/3 为校内支出，另外 1/3 为校外支出。从不同的学段来看，小学阶段每生每年平均教育支出为 7532 元，占家庭年消费总支出的 10.9%；初中阶段每生每年平均教育支出为 9982 元，占家庭年消费总支出的 15.8%；高中阶段每生每年平均教育支出为 17833 元，占家庭年消费总支出的 27.1%。随着学段的升高，校外支出的占比实际上在降低。

家庭收入差距导致对教育资源需求分化明显

随着社会经济的发展和家庭结构的变化，中国各收入阶层的家庭表现出在经济能力允许的范围内愿意为子女选择更高质量学校教育的倾向。

大多数家庭教育需求的核心矛盾已经不再是负担不起基础教育服务的问题，而是对于更高质量、更加差异化的教育的需求远远超过了教育供给能力的问题。

一方面，在中国的教育体系中，接受公立教育是绝大多数家庭的主流选择，但当公立教育系统的质量无法达到预期的时候，一部分收入较高的家庭会转而到私立教育市场上寻求更高质量的教育资源；另一方面，随着义务教育的普及，公立学校更加偏向于提供标准化、规范化的教育，无法满足一些家庭对教育的差异化需求。如果当地的私立学校较为发达，那么这一部分家庭很可能转而选择将子女送到私立学校就读，从而导致公立学校与私立学校的服务人群日渐分化。如果可选择的私立学校有限，那么这些家庭也有可能选择将子女送到课外补习班，从而导致不同家庭在学校教育之外获得的市场教育资源出现分化。

渴望教育公平

中国地域辽阔，东西南北各地的文化历史、思想观念与经济发展水平差异很大。尽管如今的中国家庭普遍重视教育，但是家庭的经济收入在一定程度上制约了教育支出的方向。经济发达地区的家庭更追求素质教育与人格教育，而经济欠发达地区的家庭则更注重基础学科教育。然而，就算是在同一个经济区域，就算均是普通小康家庭，都会为进"名校"而绞尽脑汁，并且倾尽所有购买"学区房"。

平衡中国整体的教育水平，尤其是保障欠发达地区儿童的义务教育，提升欠发达地区的劳动力素质，进而促进教育公平已经是关乎社会经济发展、人民生活水平提升的根本性议题了。因此，《国家中长期教育改革和发展规划纲要（2010—2020 年）》明确要求"把促进公平作为国家基本教育政策"，提出"教育公平的关键是机会公平，基本要求是保障公民依法享有受教育的权利，重点是促进义务教育均衡发展和扶持困难群体，根本措施是合理配置教育资源，向农村地区、边远贫困地区和民族地区倾斜，加快缩小教育差距"。

2005 年至今，在促进公平这一主导性政策目标的指引下，公共财政对教育的投入力度不断加大，实现了国家财政性教育经费支出占 GDP 比例达到 4% 的目标。2012—2017 年，国家财政性教育经费由 2.3 万亿元增长到 3.4 万亿元，并且国家财政性教育经费占 GDP 比重连续六年保持在 4% 以上。

特殊教育发展严重不足

特殊教育主要是指面向视力、听力、言语、肢体、智力、精神、多重残疾以及其他有特殊需要的儿童青少年的教育。中国的特殊教育学校主要针对一些有身心缺陷的人，即盲人、听障人（聋人）、智力障碍儿童等。

当前，中国开展特殊教育的学校类型主要有聋人学校、培智学校、盲人学校等，它们招收的学生是显而易见的身体有残疾的孩子。但是针对一些有心智缺陷，却还未达到智力缺陷的特殊儿童，我国现在极度缺乏相应的特殊教育学校，尤其是在经济欠发达地区。2020 年，中国城区共有特殊教育学校 1115 所，占全国特殊教育学校总数的 49.69%，占比最大；镇区共有特殊教育学校 952 所，占全国特殊教育学校总数的 42.42%；乡村共有特殊教育学校 177 所，占全国特殊教育学校总数的 7.89%。

西方发达国家的特殊教育体系相对成熟和完善，提供这类教育的机构一般有盲人学校、聋人学校、肢残和畸形儿童学校、语言障碍儿童训练中心、森林学校、疗养学校、特殊学校、低能儿学校、工读学校、儿童感化院，以及附设在普通学校的特殊班级。

同时，一些发达国家也构建起了较完善的社会福利体系，利用和发挥金融、法律与社会组织等工具的功能，针对特殊儿童，不仅提供特殊教育服务，也提供社会化生存技能方面的培训与家庭教育辅导，在更大程度上帮助父母学习科学的家庭教育知识，减少家庭的焦虑，降低父母的经济压力，并且解决父母对残障子女的最大担忧（父母过世后子女的自理与生存）。

中国家庭教育的成本测算

当今社会，中国家庭普遍对孩子的教育成长格外重视，也非常舍得投资。我们不妨简单测算下，一个普通家庭若抚养一个孩子至大学毕业，需要多少成本。

第一阶段，3~6 岁上幼儿园，少则 6 万元（公立幼儿园学费、餐费、兴趣爱好辅导费等），多则 10 万元（除学费外，还包括旅游、观赏戏剧活动等）。第二阶段，小学、初中是九年义务教育阶段，虽然上公立学校不需要怎么花钱，但参加各种兴趣班非常普遍，以一年 2 万元计算的话，九年至少花费 18 万元。第三阶段，高中阶段的学费、生活费每年约 3 万元，有的甚至在为出国做准备，将参加托福、雅思等英语补习班，共计 20 万元。第四阶段，国内大学的学费、生活费平均每年 4 万元，加上其他花费等，共计至少 25 万元，若在国内继续攻读硕士，其学费、生活费每年约 4 万元，加上其他生活费，共计约 25 万元。至此，一个孩子的教育成本近百万元，若是继续选择出国留学，教育成本可能高达几百万元。

对父母而言，如果没有前期准备和规划，或是家庭出现一些意外，那么负担不起子女的学费和生活费的情况，并不是不可能发生。

中国家庭教育支出的特点

1. 时间无弹性

孩子的学校教育一般是由三年幼儿园、六年小学、三年初中、三年高中、四年大学组成。对绝大多数家庭而言，让子女接受高等教育是父母必须完成的使命。因此，不论家庭经济有多困难，中国的父母也会选择尽量让孩子读完大学。

2. 费用无弹性

一方面，对一个家庭而言，教育费用的支出是相对固定的，并且会随着学历等级的提升而逐年递增，除非该子女中断学业。所以说，中国的家庭一般面临着无论家庭收入与资产如何变动，教育费用作为基本的支出是不能减少的。

另一方面，教育支出不仅是每个家庭的刚需，而且家长在这方面也绝不会考虑省钱。这充分说明，父母在规划子女教育费用时，一定要遵循"目标合理、提早规划、定期定额、稳定投资"的原则。

家庭教育规划的合理工具

1. 教育储蓄

中国于 2005 年 10 月 1 日起开始实施《教育储蓄存款利息所得免征个人所得税实施办法》，该办法规定享受免征利息税优惠政策的对象必须是正在接受非义务教育的在校学生，其在就读全日制高中（中专）、大专和大学本科、硕士和博士研究生时，可分别享受一次 2 万元教育储蓄的免税优惠。存期分为一年、三年、六年。需要注意的是，教育储蓄必须是在校小学四年级（含）以上学生按期持存折、户口簿或身份证到税务部门领取免税证明，并经教育部门盖章后才可支取。另外，该储蓄的最低起存金额为 50 元，但所有本金合计最高限额为 2 万元，超过则一律不得享受免税的优惠政策。

通过银行教育储蓄，为孩子积累资金的方式虽然安全性高，但其收益较低且抵御通货膨胀能力弱，因此不能作为教育金理财的唯一方式。

2. 基金定投

基金产品类型较多，具有良好的流动性和灵活性。基金定投具有门槛低、自动扣款、分散风险的特点，比较适合教育金理财。从 2007 年至今，不少基金定投产品的年化收益率在 8% 左右。由于多数投资标的为偏股型基金和混合型基金，因此高收益的背后往往也伴随着高风险。不过，基金定投之所以相对稳健，是因为其平摊了投资成本，即无论净值较高时还是净值较低时都要买入，这有利于为孩子进行长远的教育投资。

一般来说，年龄偏小的孩子如 10 岁以下，还不急需缴纳大额学费，这时家长可以定期定额买入基金，长期持有具有获取较高收益的机会，待孩子进入大学之后，就可兑现获取收益。因此，基金定投具有长期储蓄的特点，长期持有的复利效果明显。

3. 教育金保险

不管父母们是否愿意, 高育儿成本时代已经到来, 越来越多的父母开始意识到孩子的"教"比"养"更贵。在为孩子准备教育金时, 教育金保险受到一些年轻父母的青睐。

教育金保险具有强制储蓄的作用, 保证性大。保险公司的教育金保险一般针对出生满 30 天至 14 周岁左右的少儿, 目前市场上销售的少儿教育保险, 除了初中、高中和大学几个阶段的教育基金以外, 还包括参加工作以后的创业基金、婚假基金及退休后的养老金。如果计划购买教育金保险, 那么购买的时间越早越好, 启动越早, 保费也会越实惠。另外, 购买人可以根据家庭预算自由选择教育金保险的缴费方式和基本保额。

相比其他金融工具, 教育金保险有个明显优势, 那就是"保费豁免条款", 一旦投保的家长遭受不幸, 身故或者全残, 保险公司将豁免所有未缴保费, 子女可以继续得到保障和教育金给付。

教育金保险是不是适合所有人呢?

显然不是, 教育金保险投资期长, 且此项保费支出对于部分家庭而言压力过大, 在家庭遭遇某些不可预见的经济危机时, 有可能造成保费中断。就长期的保险产品而言, 一旦保费中断就有可能造成整个保险产品失效, 产生较为严重的经济损失。

需要注意的是, 在购买教育金保险产品前, 最好给子女做好全面的意外和医疗保障计划。教育金保险流动性较差，且保费通常比较高，资金一旦投入，就需要按合同约定定期支付保费。这是一项长期投资计划，如果未来三五年内有较大的支出项目，像买车买房，那么家庭财务将受到影响。

4. 家庭教育信托

家庭教育信托是由父母委托一家专业信托机构帮忙管理自己的一笔财产，并通过信托文件约定这笔钱用于支付孩子将来的教育和生活费用。

子女的教育支出具有可预见性、周期性和长期性的特点。以万向信托成立的国内首款子女教育信托为例（见图2-1）：信托设立之日起一年至受益人满18周岁前，资助金额为上一年度信

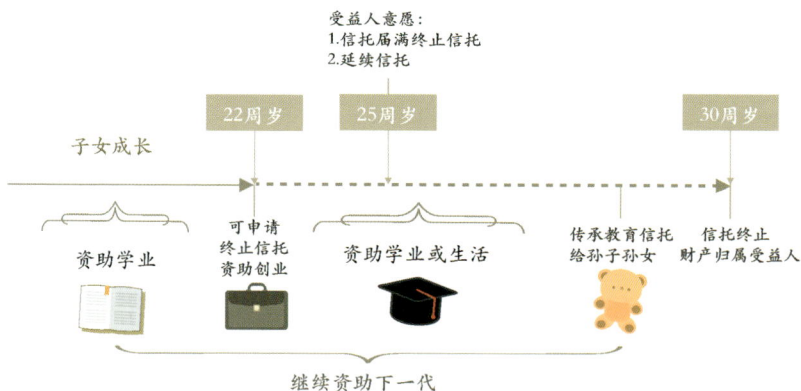

图 2-1　万向信托首款家庭教育信托教育支出安排示意

托收益率的 50%；受益人 18 周岁至满 22 周岁，资助金额为上一年度信托收益的 60%；受益人 22 周岁至满 25 周岁，资助金额为上一年度信托收益的 70%（可根据委托人需求进行细节定制）。

另外，一流的教育往往意味着更多的金钱投入，对高净值人士来说，家庭教育信托不仅能够安全稳妥地为子女教育留足预算，还可以将优良价值观通过信托存续的过程传递出来。

二、家庭教育信托的定义、要素与服务内容

家庭教育信托的定义

家庭教育信托，是由父母（祖父母）为后代设立的，以保障后代教育为目标的信托（见图 2-2）。

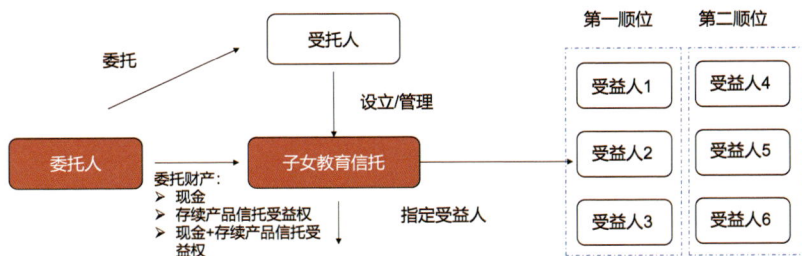

图 2-2　家庭教育信托结构示意

家庭教育信托的要素

家庭教育信托的委托人可以是父母，也可以是祖父母；可以是父或母一方，也可以是祖父或祖母一方；还可以是父母共同或祖父母共同，抑或是父母与祖父母共同。父母或祖父母共同的情形，称为家庭作为委托人。

家庭教育信托的受益人可以是子女，也可以是曾孙（外）子女；可以是以上孩子中的一位，也可以是许多位。除了直系后代以外，还可以添加旁系后代，例如外甥子女、侄子女等。添加旁系后代的情形，称为拥有广泛目的的教育信托。

信托利益分配

教育信托的目的是支持后代教育，因此，分配该信托的信托利益也与教育发展相关。

按照分配的频率，可将分配分为"按时分配""按需分配"与"按条件分配"。通过"按时""按需"和"按条件"的有效组合，教育信托完全可以满足孩子日常学习、工作生活所需，并且还能激励孩子实现自己的理想。

1.按时发放学费和日常生活费

家庭教育信托可以实现每月、每学年或每学习阶段教育费用的定期分配，满足受益人日常学习生活的基本开支需求。在金额上，可以采用每次分配固定金额的方式，例如每月 1 万元；也可以进一步考虑通货膨胀的因素，采用金额每年递增的方式，例如约定下一年度分配金额 = 当前年度分配金额 × （1+i%），i 为估算的通货膨胀率，从而保证在较长的时间跨度内，信托利益分配安排能适应社会物价水平，使受益人的生活得以维持在一定的水准之上。

2.按需发放教育补助金

随着现代家庭生活水平的提高，父母更愿意孩子接受音乐、美术等艺术活动的熏陶，也会鼓励孩子积极参加体育运动与竞技活动。然而，培养这些兴趣爱好需要一个长期的过程，不仅需要父母与孩子的共同坚持，还需要稳定的经济支持。

（祖）父母在设立家庭教育信托的过程中，可以通过信托文件约定，（孙）子女想要发展兴趣爱好的，可以由（孙）子女监护人或者本人向该教育信托申请教育补助金。

此外，许多海内外的高校非常重视申请学生的社会志愿服务经历。因此，不少家庭条件较优越的孩子会积极参加夏／冬令营、志愿者活动，甚至是跨国的义工活动。受益人可向该教育信托申请支付这类活动的支出。

3. 按条件发放奖励金

对许多委托人而言，设立教育信托不仅是为了保障后代的教育支出，更希望通过信托文件约定一些特殊的条款来激励后代往更适合自己的方向发展，成为德智体美劳全面发展的人。因此，委托人会在信托文件中约定许多奖励与激励后代的条款。

（1）取得优异成绩的奖励金分配条款

尽管许多委托人认为后代发展兴趣爱好很重要，但是依然认为后代在学业上有一定追求也非常重要，尤其是通过努力考取优质的大学，学习专业知识，积累优质的校友圈人脉。因此，有的委托人会约定"受益人在全国'双一流'建设高校就读本科，可自录取起每年获得 10 万元人民币的信托利益分配，累计分配 4 次"；或是"受益人如就读常春藤盟校（哈佛大学、宾夕法尼亚大学、耶鲁大学、普林斯顿大学、哥伦比亚大学、达特茅斯学院、布朗大学及康奈尔大学等），每次教育保障分配的分配额增加 30 万元人民币"。

（2）取得特殊才能奖项的奖励金分配条款

有的孩子从小就展现出在某些方面的特殊才能，然而这些才能未必与学业或名校直接挂钩。尽管这些孩子不能进入名校学习，但是并不代表他们不会成为"拥有影响力"的人。为了鼓励后代的多元化发展,有的委托人在教育信托中约定,如果受益人获得一些比赛的奖项,可根据奖项的大小给予额外的奖励,以资鼓励。

家庭教育信托的附加服务

随着时代的变迁和观念的转变,年轻人有愈发精彩的课余生活和更高的精神追求。游学、进入大企业实习、参加各类慈善性活动、学习理财等都成为高净值人群子女生活的一部分。为了满足高净值人群子女的拓展性学习、工作的需求,受托人也可充分与相关机构合作,为年轻人提供各式各样的增值服务。

例如,2014 年,万向信托组织部分企业家子女参与万向信托与阿里巴巴、腾讯联合发起的"自然保护公益信托夏令营",在大自然保护协会(TNC)科学顾问的帮助下,带领企业家子女理解履行环境保护社会责任的重要性。

2015 年,万向信托联合其战略合作伙伴——纽约私人银行与信托公司,组织企业家及其子女前往美国游学,组织家长参观纽约私人银行与信托公司,了解米尔斯坦家族企业的百年传承之路并参观纽约私人银行之艺术品银行等,组织孩子参与当地高中生课程,让中美学生共同完成科技创新课题。

三、家庭教育信托的优点

对于许多家庭而言，为子女提前规划教育费用只是第一步，当子女成年以后，他们还会考虑如何将辛苦积累的财富传承给下一代。

事实上，财富传承并不只是将有形资产传承给下一代，更多的是要将老一辈对财富创造和积累的理解以及人生观、价值观传承给下一代。在许多时候，如果只是将有形资产交给下一代，而不提前进行有关财富管理理念的教育，那么很可能会害了下一代。

很多案例表明，继承者不具备打理财产的能力时，过多的资产将会使继承者出现过度消费或盲目投资的情况，而在真正需要运用资金时就会捉襟见肘。因此，能够将财富更好地按照继承者各阶段的需求递延提供，会是更好的方式；应当从小培养子女形成独立的人格、良好的人生观和价值观，即让下一代从小就不依赖家庭，尽早养成独立的生存能力，树立正确的人生观、价值观，不拜金、不懒惰，有社会使命感；同时找到自己的兴趣，并在学习、工作的路上一步步前进。作为高净值人士的企业家若是不愿意再让下一代成为辛苦劳作的企业经营者，仅盼望其能立足于社会，但在坐拥巨额财富的条件下，如果没有一点企业家精神，那么其财富增值必将不能顺应社会发展,终将坐吃山空,从而出现富不过三代的局面。财商是近些年新出现的名词,和情商、智商一样,财商的培养也要从儿童时期开始,贯穿继承人的一生,这样才能使其具备足够的金融财务知识,打理和继承财富。

家庭教育信托不仅包括教育支出的提前规划,还利用了信托制度的优越性,向后代传递正确的财富价值观。总的来说,设立家庭教育信托有诸多好处。

1. 家庭教育信托能鼓励后代努力奋斗

为何说设立家庭教育信托可以鼓励孩子努力奋斗,这是因为家长在设立教育信托时,可以给孩子指定一定的完成目标,假如孩子未能完成预定目标则不能取得相应的费用给付,这样就能给孩子一定的激励,促使其努力学习、工作。在这种情况下,家长仅需要给孩子提供必要的生活学习开支,其他的费用则由子女自己设法取得。这种方式能培养孩子勤俭节约的习惯,使其形成靠自己辛勤工作实现愿望的价值观念。

2. 家庭教育信托能防止后代养成不良嗜好

高净值人群子女,其不缺金钱,受到的外界物质诱惑也更多,但由于年纪小,对外界物质诱惑的抵挡能力不强,过多的金钱在涉世未深的小孩手里只会增大"变质"的风险。在这种情况下,年轻人往往会挥霍父辈的财产,甚至染上恶习,这对其人生观、价值观都会产生不好的影响。

　　设立家庭教育信托以后，委托人可以根据实际情况，定期支付孩子的各类费用，保证基本满足孩子学习生活方面的开支，这样就能够在一定程度上限制他们，免去自身的忧虑。

　　3. 家庭教育信托能避免家庭财务危机

　　根据《信托法》的原理，教育信托一旦生效，信托财产便独立于委托人的其他财产，以及固有财产，更不是受益人的财产（见图2-3）。

图 2-3　信托财产的独立性

　　《信托法》第十五条规定，"信托财产与委托人未设立信托的其他财产相区别"。第十六条规定，"信托财产与属于受托人所有的财产（以下简称固有财产）相区别，不得归入受托人的固有财产或者成为固有财产的一部分。受托人死亡或者依法解散、被依法撤销、被宣告终止而破产,信托财产不属于其遗产或者清算财产"。第十七条规定,"除因下列情形之一外,对信托财产不得强制执行:(一)设立信托前债权人已对该信托财产享有优先受偿的权利,并依法行使该权利的;(二)受托人处理信托事务所产生债务,债权人要求清偿该债务的;(三)信托财产本身应担负的税款;(四)法律规定的其他情形"。

《全国法院民商事审判工作会议纪要》之"信托财产的诉讼保全"部分也规定,"信托财产在信托存续期间独立于委托人、受托人、受益人各自的固有财产。委托人将其财产委托给受托人进行管理,在信托依法设立后,该信托财产即独立于委托人未设立信托的其他固有财产。受托人因承诺信托而取得的信托财产,以及通过对信托财产的管理、运用、处分等方式取得的财产,均独立于受托人的固有财产。受益人对信托财产享有的权利表现为信托受益权,信托财产并非受益人的责任财产。因此,当事人因其与委托人、受托人或者受益人之间的纠纷申请对存管银行或者信托公司专门账户中的信托资金采取保全措施的,除符合《信托法》第十七条规定的情形外,人民法院不应当准许。已经采取保全措施的,存管银行或者信托公司能够提供证据证明该账户为信托账户的,应当立即解除保全措施。对信托公司管理的其他信托财产的保全,也应当根据前述规则办理。当事人申请对受益人的受益权采取保全措施的,人民法院应当根据《信托法》第四十七条的规定进行审查,决定是否采取保全措施"。

当然,最终实现信托的隔离制度优势的前提,必须是信托财产的来源合法以及该笔信托财产不负有债权债务关系。

对于家庭而言,具有一定的风险防范意识是非常重要的。如果不趁早或者及时将家庭财产与企业财产做好隔离,那么当企业面临破产及债务风险时,企业与家庭很可能会在债务危机中全盘皆输,进而影响到后代的教育与家庭生活。而如果懂得使用家庭教育信托工具,那么其完全可以将家庭财产中计划用于后代教育的部分委托给家庭教育信托,借由信托财产的"独立性"实现资产隔离,更好地保障后代的教育及成长。

四、家族信托、家庭教育信托案例

《21 世纪经济报道》曾对信托有这样的描述:信托,有时候承载的不单是一份财产的增值、保值与分配,更是委托人对受益人的爱与价值观导向,是一个灵魂对另一个灵魂的触动。

2021 年,在经历了 2 次全麻手术、1 次胃造瘘手术、33 次质子重离子放疗、2 个疗程化疗后,翩然(化名)为年仅 5 岁的女儿设立了一份教育信托，万向信托为受托人。

当年，翩然35岁，癌症三期。也是在设立信托的那周，医生在她的石蜡病理中再次发现肿瘤细胞，第三次手术无可避免。

"我们反复沟通信托方案，尽可能地实现她对女儿未来各个时期的分配安排，尽最大的努力，赶在她手术前完成了签约。"万向信托家族办公室信托经理向《21世纪经济报道》记者讲述了当时的情景。

在监管大力鼓励发展服务信托的当下，信托业也在找寻自身受托服务的定位。如何让信托服务工作逐步走向大众，让信托走入寻常百姓家，这一案例或可借鉴。

翩然在2020年9月被确诊癌症。她是家中独女，国内名校毕业，在世界500强公司工作，正处于事业上升期。用她自己的话说，在没有确诊前，"满脑子的工作和鸡娃，满眼的数据和计划"。第一次手术前一周，她仅做工作交接就花了整整三天时间。

那时，她以为只是一次小小的手术，向公司请了一周的假。结果，之后整整一年，她再也没能回到工作岗位。复查、手术、放疗，生活的重锤让她逐渐放空。

据翩然社交账号上的文章描述，在2021年3月进行放疗前，翩然的丈夫陪她去理发店剪短了头发，长卷发在剪刀起落间倾泻满地，她看着镜子里的假小子，信念瞬间崩塌，泪如雨下。

她对丈夫说："我不想活了。"

"你怎么知道这是终点，你怎么知道有没有另外一个世界？也许你会变成看不见的灵魂，也许你仍然在我们身边。你想抱抱我，你抱不到；女儿在哭泣，你无法安慰。到时候，你会不会后悔？你会不会羡慕现在的你？"在丈夫的语言中，她再度找回希望。

父母之爱子，则为之计深远。化疗结束后，翩然开始研究各类金融产品。之后的日子里，她一边复查，一边打了很多金融机构的客服电话，读了几十份合同条款，在反复比对后，锁定了一款家族信托，认为"它可以为女儿的教育和成年后的生活提供保障"。

"为什么是信托？"对于这位通过客服热线电话联系到她的客户，信托经理问出了心中的疑惑。

据信托经理回忆，当时翩然给出的说法是："我希望这笔钱能保障我女儿的成长和教育，以及她成年之后的生活。遗嘱做不到这一点，市面上大多数的教育类保险我也了解过，无法做到我想要的很多定制化的内容，信托是最合适我的选择。"

其实，翩然想要设立信托的钱并不多，远远达不到监管部门设立的家族信托 1000 万元的门槛要求。

当时她拨打了很多信托公司的电话，但都被告知有 1000 万元的门槛要求，但万向信托没有以门槛要求直接拒绝，而是愿意先了解情况，这才有了翩然与信托经理的再次联系。

"我那个时候有一种感觉,对她来说,教育信托好像成了她的一根'救命稻草'。"信托经理向记者透露,该单教育信托的规模约200万元,但报送类型不会选家族信托。除投资范围有区别外,与家族信托的业务相差无几。

2021年,翩然在自己的社交账号上如此记录:"女儿只有5岁,她说她长大后想当医生,很远大的志向。"

"而我只希望她能用功读书,长大后可以拥有选择的权利。我希望她选择有意义、能带来成就感的工作,而不是被迫谋生。"这就是翩然设立教育信托的初衷。

设立信托的首要条件便是财产来源合法。信托经理告诉记者,该教育信托的委托人仅为翩然一人,但关键点在于,其丈夫也要签同意函,证明配偶是知情且同意的。如此一来,装进信托里的财产才能独立于夫妻共同财产,按委托人意愿进行分配。即使最后翩然不幸去世,丈夫再婚,这份财产也可以按她的意愿执行下去。

有时候,信托的条款还体现出对人性的考量。该教育信托的第一顺位受益人为翩然的女儿。信托经理解释称,受益人可分不同的层次,即设置第一顺位、第二顺位乃至第三顺位。第一顺位受益人的权利在信托设立之后就立刻生效了,第二顺位的权利生效条件是第一顺位身故,以此类推。

值得关注的是,在这单教育信托中,还加入了一个条款:若受益人身故后还有剩余信托财产，则全部用于慈善公益。

此外，此单教育信托的定制化优势还体现在翩然对女儿不同阶段教育需求的分配安排上。

第一阶段是其 18 岁读大学之前，考虑到小学、初中、高中时期花费较低，每年分配给课外辅导的报销用于文体娱乐爱好类、教辅类均可，费用需要监护人去申请，体现了翩然想尽可能地让孩子养成不同兴趣的想法。

第二阶段是其深造阶段，本科、研究生阶段的学费均给予报销，且受益人拥有亲自向信托申请生活费的权利。

信托经理解释称，其实孩子可能都用不上这些信托资金。但是，翩然给予了孩子一份权利的保障，这相当于不管孩子 18 岁时家庭境遇如何，至少信托可以支持她完成学业。

第三个阶段是工作阶段，考虑到信托本金有限，且翩然认为孩子还是要靠自己奋斗，所以这一阶段只会给女儿最基本的保障，比如她女儿可以按当时当地平均工资水平申领生活费。

"对于这类信托，信托经理需要跟委托人进行充分沟通，将委托人的种种想法落实到信托条款上，在这个过程中，我们可以看到他们内心深处对于后代的期望。"对此，信托经理还提到了其服务的另一单金额上亿元人民币的家族信托。委托人在该家族信托中设置了很多关于后代事业、荣誉的奖励条款。比如：为鼓励后代从政，但不希望其贪污腐败，便在信托条款中设定，从政的后代职级每上升一级就给予高额奖励；为鼓励后代成为各行各业中的人才，便参照将来当地政府下发的人才管理办法中的人才认定标准，设置高额达标奖励。

在这样不断斟酌与修改的条款中，潜藏着一股可穿越时空的力量。

如今，经历了第三次手术后的翩然正在治疗和康复中，偶尔也会就信托条款中的细节向信托经理寻求更确切的答复与承诺，即便那些答复都是信托法在合同中早已规定的。

"有时候觉得，我做的这单信托真的能帮到委托人，这也是支撑着我们去做这个业务的原因之一。"信托经理坦言：即便在利好家族信托等服务类信托的当下，大家也会有迷茫的时候，特别是行业特别"内卷"的时候，很难让我们这种向着初心出发、想用时间来看到结果的团队有机会发声，有时也会因为周围人对家族信托的认知度低而感到沮丧。

在问及教育信托的受益人变更、信托撤销、投资范围时，信托经理向《21世纪经济报道》记者介绍称，这个教育信托保留了委托人更改、增减受益人以及提前终止信托的权利，委托人的风险承受类型是稳健型，合同中约定投向低风险资产。

"不管是这个信托还是我们大部分的家族信托项目，一般都不会剥夺委托人变更受益人的权利，因为信托财产来源于委托人，委托人在身故之前确实可能会变更意愿。"信托经理解释道。

万向家族信托办公室负责人曾向《21世纪经济报道》记者提到，这类家庭信托从信托法的角度来讲没有任何法律瑕疵，主要是因为不满足1000万元的门槛不能参照人民银行、银保监会、证监会、外汇局《关于规范金融机构资产管理业务的指导意见》（银发〔2018〕106号）中资管新规对家族信托的豁免，只能按资管新规的要求进行管理，所投资的资产管理产品不得再投资公募证券投资基金以外的资产管理产品。

"希望在行业的共同努力下，信托能承载越来越多的期待。"信托经理向记者感叹道，"哪怕像翩然这样的高级知识分子，也是经过几番研究才摸索着找到了信托这条路，现实中可能还有很多人并不知道有这个选择。"

第三章

✧ 中国的养老问题与孝（养）基金养老信托 ✧

一、中国的养老现状与困境

改革开放以来，中国实现了由政府和企业保障转向社会保障、由职工保障扩展到城乡全体居民保障的重大变革。目前，我国建立了与社会主义市场经济相适应的、具有中国特色的养老保险制度模式，由基本养老保险、企业补充养老保险和个人储蓄性养老保险三个不同层次的养老保险组成，由此构建出我国养老保险体系的制度框架，基本上实现了对城乡居民的全覆盖。

老年人的养老服务大体上分为家庭养老和社会养老两种方式。家庭养老是中国最传统的养老方式，在家庭子女的陪伴下安度晚年无疑是老人最好的选择。但是受计划生育政策的影响，中国的家庭结构发生了变化，家庭成员数量减少，成年子女就业压力增加，医疗和服务费用增长，这些都使得家庭养老的方式难以为继。此外，家庭养老条件落后，在医疗保健、休闲娱乐等方面的提供也存在劣势。因此，社会养老模式应运而生。社会养老服务是针对中国家庭养老功能的弱化、高龄老人和"空巢老人"增加的现实而从社会角度，由政府、社会组织、企业、志愿者为老年人提供各种服务，包括基本养老服务、非营利性养老服务和市场养老服务等形式。

社会养老主要分为机构养老和社区养老。自 21 世纪以来，机构养老一直是中国养老服务事业发展的重要方面。相较于家庭养老，这种模式有以下优点：一是能提供比较专业化的照料服务，且能大量运用社会资源减轻家庭照顾的负担；二是能够扩大老人的社会参与范围，加强老人与社会的互动，减少老人的边缘感。但受中国传统观念的影响，老年人对机构养老的接受程度普遍不高。此外，由于政府财政支持有限、社会力量零散薄弱，机构养老面临着运营的高成本和高风险，因此目前还无法大规模推广。营利性养老机构利润微薄甚至负债经营，而公办养老院也存在着服务设施极度短缺、入住成本高、护理人员专业素质低下等问题。截至 2015 年底，全国养老床位数为 669.8 万张，平均每千名老人拥有床位数 30.3 张，与"平均每千名老人占有养老床位 50 张"的国际标准仍有差距。

社区养老是一种正在兴起的新型养老模式，是一种老人在家里居住，社区为老年人提供服务的模式。社区养老既可以使老人在熟悉的环境中享受服务，又可以有效挖掘和利用社区内的资源。但社区养老也面临着诸多问题，如经费筹集渠道单一、运营资金匮乏、覆盖范围难以扩大等。此外，服务人员的素质也有待提高。

日益加剧的老龄化趋势要求加快社会养老服务体系的建设。2013 年，《国务院关于加快发展养老服务业的若干意见》就提出要全面建成以居家为基础、社区为依托、机构为支撑的，功能完善、规模适度、覆盖城乡的养老服务体系。

中国社会的养老困境——养老服务供给不足

1. 家庭养老

自 1971 年实行计划生育政策以来，中国家庭逐渐形成了"四二一"的结构，即一对夫妻要赡养四位老人并抚养一个孩子。子女的减少使得家庭所能提供的养老服务越来越少，加之社会压力增大，成年子女能够用于照顾老人的时间和精力更是十分有限。伴随独生子女而来的还有"失独家庭"和"空巢老人"。在中国，"失独家庭"每年以 7.6 万个的速度增长，目前已超过 100 万个，"空巢老人"的数量则更多。从家庭养老的角度来讲，这些老人是"老无所依"的。

2. 机构养老

现有的养老机构在数量上远远不能满足社会对养老的需求。在数量有限的现有养老服务机构中，能够提供合格养老服务的机构更是严重不足。中国机构养老服务产业发展还不够成熟，不论是硬件设施设备还是护理服务人员的素质都有待进一步改善与提高。同时，养老机构的评估审核标准尚未设立，目前这一领域的服务质量参差不齐，一些机构甚至无力提供比家庭养老更专业的服务。中国现有养老机构面临着数量和质量的双重不足，这一状况严重制约了养老服务的提供能力。

中国社会的养老困境——养老金压力大

1. 投资收益低

长期以来，中国的基本养老保险基金只能用于购买国债或者存在银行里。这样的管理方式保障了基金的安全却难以实现基金的增值。从前几年的情况来看，基本养老保险基金的收益率比消费者物价指数（CPI）的增速还低。2015 年末，全国基本养老保险累计结存近 4 万亿元。有多年的积蓄和不断增加的财政补贴保障，离亏空尚有距离，但已经开始出现单年的"入不敷出"现象，继 2014 年城镇职工基本养老保险征缴收入首次低于总支出后，2015 年，该体系的征缴收入与总支出的差额继续扩大，突破 4000 亿元。我国目前正在推进基本养老保险市场化运营，这对于弥补收支缺口、增强支付能力有着积极的意义，但由于起步较晚，且其效果并不能立竿见影，"入不敷出"现象仍将持续一段时间。

截至 2016 年底，中国基本养老保险累计结余 43965 亿元，企业年金基金累计结存 11075 亿元，社保基金资产总额为 20423.28 亿元，养老金总资产为 75463.28 亿元，按照经济合作与发展组织 OECD 的统计口径，企业年金和社保基金总额占中国 2016 年国内生产总值（GDP）的 4.2%，与匈牙利相当。2016 年中国的 CPI 为 2.0%，而中国基本养老保险余额年收益率却低于 2%，基本养老保险长期处于贬值状态。

中国现阶段社会基本养老财政补贴占公共财政支出的比例为 2.2%，城镇基本养老仅能维持到 2023 年。预测至 2050 年，中国城镇基本养老收入与支出的缺口将高达 35 亿元，约占当年财政支出的 15% 及当年 GDP 的 4%。

2. 个人账户空账

中国的养老保险采用的是社会统筹和个人账户相结合的模式，本质上是混合型部分积累制，也就是"现收现付制加个人积累制"的模式。其初衷是将社会统筹和个人账户的优势发挥出来，实现预期稳定和多缴多得，但在实际执行中，由于现收现付制向部分积累制的转制成本无人承担，个人账户的缴费不得不用于保障当期养老金的发放，从而形成了空账。个人账户的大规模空账，使得个人账户基金不得不以最低利率来计息，从而导致养老待遇不断降低。

3. 养老产品功能不完善

目前，中国养老服务的理念和机制比较滞后，养老产品种类较少、功能较为单一，养老服务模式也比较粗放，无法满足多层次、多样化的养老需求。同时，中国养老实业和养老金融之间的联系还没有打通，完整的养老产业链尚未形成，不能提供集养老服务、投资理财和财富传承于一体的养老产品，不能全面满足老年人的养老需求。

《中国健康与养老报告》（2015）显示，中国城镇 50~60 岁即将退休的老年人养老资产的构成中，"以养老金养老"和"以房养老"成为最普遍的两种选择模式，占比共计达到 80%。《中国家庭金融资产配置风险报告》（2015）显示，在中国家庭资产配置中，金融资产占比仅 1 成左右，用于养老的金融资产更是少之又少。由此可以看出，居民以现有资产配置方式养老，可使用的资源太少，消费能力太弱，增值空间有限。

4. 相关法律不健全

尽管我国法律中有关于老年人权益保护的规定，但与老年人直接相关的法律仅有 1996 年出台，2009 年修订的《老年人权益保障法》。而《老年人权益保障法》的许多规定只是原则性的，缺少实施细则。此外，养老服务方面的立法尚不完备，在提供服务的主体、提供服务的方式、评价服务的标准等方面缺乏明确且全面的规定。在实际生活中，老年人的权益无法得到切实有效的保护。

由此可见，养老金融创新迫在眉睫。

二、养老金融产品创新的国际经验

长期照护保险模式——美国和德国

1. 美国模式

美国的长期照护保险是以商业保险为主，由商业保险与社会保险共同构成，政府担任补缺和托底角色。

美国商业长期照护保险始于1975年，主要面向中高收入群体，被视为全球最大的长期护理市场。美国长期照护保险包括个人保险、雇主购买保险、联邦和州政府保险、协会保险、持续护理社区提供或购买的长期照护保险及人寿保险或养老保险这六类。

美国商业长期照护保险有如下特点：一是承保范围广，对在护理院、社区或家庭提供的专业护理和非专业长期照护提供补偿；二是保单类型多，包括实际费用补偿型保单、定额给付型保单和直接提供长期护理型保单；三是保单制定灵活，可根据保障范围、投保年龄、有无等待期、给付年限以及是否家庭共保等需求量身定制；四是保护消费者利益，提供通货膨胀保护条款；五是政府税收优惠支持，个人保险全部或部分缴费可以税前扣除，保险给付免税，雇主支出保费可视为营业费用并能在税前扣减等。

但是商业保险仅面向中高收入群体，老年人覆盖率相对较低，美国通过社会保险对更广泛的群体提供托底保障。美国的社会保险包括医疗照顾、医疗救助、社区生活辅助和支持计划及长期护理合作计划。

社区生活辅助和支持计划（CLASS）的基础是奥巴马政府在2011年签署的"社会生活辅助和支持计划法案"，目的是扩大护理保险的覆盖范围，提供新的护理保险融资机制。由联邦政府主管、私人保险公司运营，18岁及以上的个人均可向CLASS缴费参保，且不得以参保人的健康状况区别费率或拒保，全国统一定额缴费，缴费满5年且工作时间不低于三年的个人因疾病或残疾需要接受90天以上的非医疗性护理时，可以获得每日定额给付。

长期护理合作计划（LTCPP）于1990年在美国的部分州实施，面向中低收入者，由州政府主导、私人保险公司运营。购买该计划的个人可以获得机构护理、家庭护理或社区护理服务的费用补偿，LTCPP保额补偿不足时，个人还可从医疗救助中获得费用支持，并且审查限制会适当放宽。LTCPP扩大了长期照护保险的覆盖人群范围，有效降低了医疗救助的资金压力。

2. 德国模式

德国的长期照护保险采取强制性社会保险模式，由雇主、雇员和政府共同筹资，所有劳动年龄人口均需参加。雇主和雇员缴费率相同，缴费率根据长期照护保险基金收支动态调整，2015 年的缴费率为 2.35%。政府每年向长期照护保险基金划拨部分财政收入，约为 GDP 的 0.9%~1.0%。德国在法定医疗保险框架下单设长期照护保险分支，资金独立运营。实行照护保险跟随医疗保险原则，覆盖所有参加法定医疗保险的人群。

德国的长期照护形式灵活，可由家庭成员、亲友和照护机构专业人员上门或入院进行照护，通过现金、实物或混合方式支付报酬，个人可自由选择照护类型、照护人员及报酬支付方式。由于居家照护更符合老年人生活习惯并且具有低成本优势，德国采取一系列措施鼓励参保人选择居家照护。在服务供给方面，为了鼓励家庭成员和亲友提供长期照护，长期照护基金向他们支付免税现金服务费，还为每周照护服务时间超过 14 小时的非正式照护人员缴纳养老保险费。在服务需求方面，规定若选择机构照护，参保人需自负食宿费并至少承担 25% 的机构照护费用。上述措施使得选择居家照护服务的比重不断上升。

住房反向抵押模式——美国和新加坡

目前，全球住房反向抵押模式大体可分为市场主导和政府主导两大类，美国和新加坡是这两类模式的代表。

1. 美国模式

美国的住房反向抵押贷款产品具有多元性和多层次性，基本分为住房价值转换抵押贷款计划（HECM）、住房保留计划（Home Keeper）和财务自由计划（Financial Freedom Plan）三类，这三类产品分别面向低价值、中等价值和高价值房产，由政府、半政府机构和私人开展。

（1）住房价值转换抵押贷款计划（HECM）

该计划由联邦住宅和城市开发部（HUD）设计推出，由银行、保险等金融机构承办，联邦住房管理局（FHA）担保。HECM 向 62 岁及以上拥有独立产权的老人提供住房反向抵押，贷款给付方式可选择终身给付、固定期限给付或信用限额给付等，也可选择上述几种方式的组合给付。办理贷款后，老人仍继续住在该住房内，直到其死亡、永久搬离或超过 12 个月没有实际居住才会判定为到期，到期需要清偿贷款。办理贷款时，申请人还需向 FHA 购买保险，缴费率为贷款额度的 1.25%，由 FHA 为其提供担保。偿付期内，若贷款机构倒闭，FHA 保证借款人能继续获得给付；清偿时，若贷款机构支付的本息额超过房产价值，FHA 则会补偿相应的差额。该计划具有一定的公益性，占美国住房反向抵押市场 90% 以上的份额。

（2）住房保留计划（Home Keeper）

住房保留计划是房利美（FNMA）于 1996 年推出的半公益性住房反向抵押产品。其运行模式与 HECM 相似，但没有 FHA 提供的担保，可以选择向其他保险公司投保。对贷款额度不设上限，适于拥有中高档住宅的老年人。允许协议贷款额度随着房产升值而相应提高，还允许借款人将款项用于购买其他住房，这为借款人提供了更多选择。

（3）财务自由计划（Financial Freedom Plan）

财务自由计划是唯一由私营公司经营的住房反向抵押贷款业务。该产品的贷款对象主要为拥有高档住宅的老年人，最高贷款额可以达到 70 万美元。同时，通过房产价值分享条款，借款人可将一定比例（不高于 80%）的房产价值留给后代。贷款金额一次性转给人寿保险公司，由保险公司提供终生给付年金。

2. 新加坡模式

新加坡住房反向抵押贷款于 1997 年由私营保险公司（职总英康保险合作社）发起，对 60 岁及以上老人的 70 年以上私有住房提供反向抵押。但因 80% 以上的新加坡居民居住在政府组屋中，私有住房的规定限制了该产品的发展。2006 年，新加坡建屋局（HDB）允许政府组屋的拥有者参与私营公司的反向抵押贷款。同年，新加坡华联银行（OCBC）介入该业务。

2009 年，HDB 发布了屋契回购计划（LBS），由政府开展该业务，允许 62 岁及以上老年人向 HDB 以出租住房或以大换小等方式获得终生年金补贴。

屋契回购计划完全由政府运营，所有月收入不足 3000 新元、拥有三居室及以下（2014 年扩至四居室及以下）组屋，且名下没有其他房产的 62 岁及以上老人均可参加。借款人向 HDB 出售组屋 30 年后的剩余租期，以获取年金补贴。若老年人在 30 年内去世，剩余收益由继承人享有；若 30 年后老人仍健在，HDB 为其重新分配居住地点。该计划的资金给付包括三部分：新参加者的 1 万新元补贴；政府每月支付的固定养老金；购买长寿保险，当余寿超过计划期限时，可从保险公司获得年金给付。该计划吸引了老年人的广泛关注，获得了新加坡 75% 以上的组屋市场份额。

生命周期基金模式

生命周期基金根据人的生命周期阶段动态调整资产配置。随着投资人年龄的增加，风险偏好下降，投资决策会倾向于逐渐减少股权类资产配置比例，并增加债券类资产配置比例，从而使资产配置与人生各阶段的风险承受程度相匹配。该策略有助于实现终身收益的最大化。

　　生命周期基金的产生与养老金制度体系改革密切相关。随着养老金私有化改革，多国对养老金投资收益的关注不断增大。在此背景下，基金投资管理公司开发了符合养老金投资需求特点的生命周期基金。

　　1996 年，富达集团推出生命周期基金系列产品，并不惜重金进行市场推广，使生命周期基金投资理念得到广泛认可。2006 年，美国颁布《养老金保护法案》，将生命周期基金定为 DC 型养老金计划的默认投资工具，之后该基金迅速发展。以 401（K）计划为例，2015 年，有 65% 的计划提供了生命周期基金，50% 的参加人和 20% 的资产采取了生命周期基金投资模式，较 2006 年分别提高了 7%、31% 和 15%。

　　生命周期基金包括生命特征基金和目标日期基金，两者均以"基金的基金"形式间接投资于证券市场。生命特征基金的资产配置比较静态，根据预设的风险目标将股票、债券和货币基金按某一比例混合形成新的组合基金。允许投资人根据自身风险偏好和风险承受程度选择特定组合基金，也允许个人随着自身风险偏好的变化调整组合。2017 年底，美国生命周期基金资产规模为 3990 亿美元，较 2005 年的 1320 亿美元提高了 2670 亿美元。

　　目标日期基金的资产配置则比较动态，通常预设目标日期，随着目标日期的临近，动态降低高风险资产配置比重，提高低风险资产配置比重。投资者根据自己的退休年份选择相应年份的目标日期基金进行投资后，后期的资产配置决策由基金管理公司自动进行动态调整。该策略可使投资者免于因个人短视而遭受行为偏差损失，有助于提高金融市场养老基金投资的专业化水平，有效改善投资管理能力并提升养老基金投资的长期收益率。在美国，相较生命特征基金而言，目标日期基金发展更为迅速。2005—2017年，美国目标日期基金的资产规模从700亿美元增加至11160亿美元，增加幅度超过1万亿美元。

生命周期基金在美国的成功发展吸引了多国效仿，英国、瑞典、新加坡、智利等实行DC型养老金制度的国家和地区均引入了该制度。

三、中国养老信托的创新探索——孝（养）基金

家庭治理中最重要的是赡养老人。一个家庭对老人的态度，不仅会影响家庭关系，而且对下一代人的心理健康，甚至价值观的形成具有重要影响。一个与赡养老人绕不开的话题就是养老资金的管理与安排。

孝（养）基金是指委托人（家庭中的老人或老人的子女，可

多人）基于对受托人的信任，将其财产权委托给受托人，由受托人按委托人的意愿，从老人的利益出发，对信托财产进行管理或者处分。

孝（养）基金的结构

具体而言，孝（养）基金由老人的子女作为委托人，独自或共同出资设立信托，指定老人作为信托受益人，信托公司作为受托人对信托财产进行管理，收益和本金的部分或全部用于向老人进行利益分配，以此覆盖老人的生活、医疗以及临时的用款需求，全方位保障老人的生活。信托终止后，剩余的财产可分配给委托人或委托人指定的人，也可用于公益捐赠（见图 3-1）。

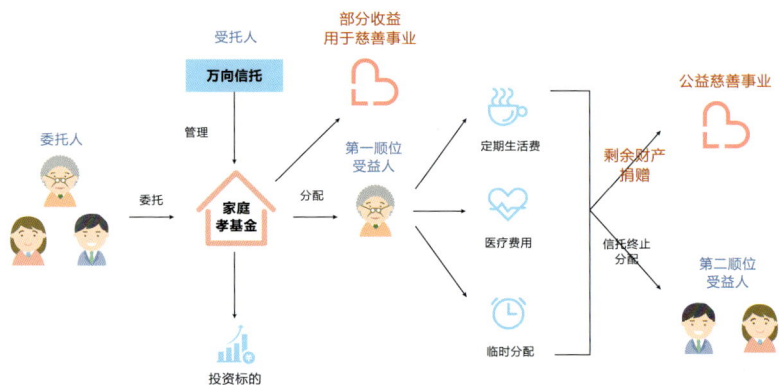

图 3-1　万向信托家庭孝（养）基金结构示意

孝（养）基金的设立

在信托设立前，受托人根据当事人的现实需求进行个性化定制：一是设计信托架构，对信托参与方的权利义务进行合理的设置，从机制上确保当事人信托目的的实现；二是设计合理的信托利益分配方案，使信托利益分配产生的现金流能满足信托受益人的各项生活开支；三是设计信托财产配置策略，寻求信托财产在安全性、流动性和增值性方面的平衡。如果当事人有其他特殊需求，还可综合运用监护和遗嘱等制度工具，与信托安排相配套，以保证当事人的信托目的得以有效实现。

信托方案确定后，受托人根据信托方案撰写信托端法律文本，必要时配合公证处、律师所撰写的监护协议和遗嘱文件等，保证信托文件与其他文件相互兼容、契合。

孝（养）基金的运作

根据委托人的意愿，对信托财产进行管理运用，实现信托财产的保值增值。孝（养）基金向委托人提供三种投资方案：一是指令型，即委托人向受托人下达投资指令，受托人按照委托人的指令执行投资操作。在这一模式下，委托人保留全部投资决策权限。二是投资策略报告型，即委托人制定投资策略报告，对信托财产的投资范围和各类型投资标的的投资比例进行约定,受托人根据投资策略报告进行具体的投资标的选择,并在约定的投资比例范围内确定投资的金额,委托人还可以定期回顾和更新投资策略报告,使其保持与时俱进。在这一模式下,委托人将部分投资权限给予受托人,自身保留对大类资产配置的把控权利。三是全权委托型,即委托人将投资权限全部给予受托人,受托人在约定的资产类型范围内,全权决定投资标的和配置比例。

孝(养)基金的支配范围(定期或临时)

按照约定对受益人进行定期分配,或按需进行分配,以满足老人日常生活、养老服务、丰富生活、过节礼金、健康保障和临时医疗的需求(见图 3-2)。

日常生活
每年/半年/季度分配

养老服务
养老机构或保姆、护工费用

丰富生活
参加旅游、老年大学等

过节礼金
春节红包

健康保障
健康险、意外险

应急金
医疗费用

图 3-2 孝(养)基金的支配范围(定期或临时)

1. 日常生活

孝（养）基金可以实现每年、每半年或每季度的定期分配，满足受益人日常生活的基本开支需求。在金额上，可以采用每次分配固定金额，例如 10 万元；也可以进一步考虑通货膨胀的因素，采用每年递增的方式，例如约定下一年度分配金额 = 当前年度分配金额 × （1+i%），i 为估算的通货膨胀率，从而保证在较长的时间跨度下，信托利益分配安排能适应社会物价水平，使受益人的生活得以维持在一定水准之上。

2. 养老服务

随着年龄增大，老年人的自理能力会出现不同程度的下降，部分或全部丧失生活自理能力的老人需要依靠家人或社会养老服务机构的照料来维持正常的生活。因此，养老服务对于老年人来讲是不可或缺的。孝（养）基金可以帮助老年人对接养老服务机构，并直接从信托财产中支付相关的费用，避免老年人失能失智后，出现无人缴费甚至缴费资金被他人挪用的情况，让老年人安心无忧地享受养老服务。

3. 丰富生活

随着时代的变迁和观念的转变，老年人有愈发精彩的晚年生活和更高的精神追求。旅游，上老年大学，参加各类文体、娱乐、社交、休闲活动等都成为老年人生活的一部分。为了让老年人保持积极昂扬的生活态度，孝（养）基金的信托财产也可以用于支付老年人参加各类活动的费用，让老年人不仅老有所养，也能老有所学、老有所乐。

4. 过节礼金

老年人对传统节日非常重视，给家里的晚辈发红包也成为逢年过节必不可少的"仪式"。孝（养）基金可设置过节礼金，让老年人在重要的节日能够感受到喜庆的氛围，也可部分或全部覆盖节日期间的额外支出。

5. 健康保障

由于免疫力下降和身体机能衰退，老年群体面临较高的癌症发病率，也容易遭遇各类意外风险。适当配置保险，如防癌险、意外险等，可以在一定程度上转移风险，为其生活提供保障。孝（养）基金支持委托人为受益人购买人寿保险，并变更保险投保人和受益人，使信托成为保险的投保人和受益人，后续的保费以信托财产的形式支付。当保险发生赔偿时，保险金还可以回到信托中来，继续用于照顾受益人的生活，覆盖大额医疗等支出。

6. 应急金

老年人往往有较高的医疗需求，产生临时医疗支出亦是在所难免。考虑到大额医疗费用可能会超出日常生活费的覆盖能力，孝（养）基金可以设置应急金，在受益人产生医疗费用后，受益人或其监护人向受托人提供医疗发票，受托人根据发票金额向受益人分配相应的信托财产。

孝（养）基金终止

如果是子女作为委托人为父母设立孝（养）基金，那么委托人可以作为第二顺位受益人。在信托终止后，剩余信托财产可按照委托人的出资比例分配给第二顺位受益人，或按照约定进行分配。这样的信托安排让子女之间更容易就赡养老人的事宜达成共识，有利于维护家庭的和谐与团结。

监护安排的配套服务

随着年龄的增加，认知能力逐渐衰退，老年人发生失能失智的概率也会大幅增加。失独老人、孤老等群体，由于没有子女在身边照料，会面临诸多生活不便。在没有监护人的情况下，老人入住养老院或就医也会面临无人签字的尴尬境地，晚年生活质量难以保障。

《民法典》秉持着以人为本的精神，在第三十三条规定："具有完全民事行为能力的成年人，可以与其近亲属、其他愿意担任监护人的个人或者组织事先协商，以书面形式确定自己的监护人，在自己丧失或者部分丧失民事行为能力时，由该监护人履行监护职责。"该规定明确了意定监护制度。对于成年人，特别是老年人而言，若无法定监护人（如配偶、子女等），或者不信赖自己的法定监护人，就会在未来入住养老院或护理院、就医等需要监护人签字确认的环节陷入极大的困境。同理，在发生失能失智等丧失生活自理能力的情况时，也将面临无人照料的问题。根据意定监护制度，这类群体可以按照自己的意愿指定信任的个人或组织担任自己的意定监护人，在失能失智之后由意定监护人保护当事人的人身财产权利。

对于有人身安排需求的当事人，监护制度和信托制度相配合，能够更好地满足自身的需求。监护制度适用于人身事务的管理，而信托在财产管理方面更具专业优势，两者在功能上既相互一致，又优势互补，具有高度的契合性。而信托的灵活性，又为监护与信托提供了有效融合的可能性。

受托人可提供前期的人身和财产整体规划与方案设计，充分考虑和满足当事人在人生各阶段的需求并做好相应的安排。在法律文本上，以信托合同为核心，兼顾监护协议等其他相关配套法律文件，使得各合同和协议之间内容自洽、衔接顺畅。在信托交易结构的设计上，整合监护人、监督人、服务机构等多个参与方，利用信托机制在各方之间形成监督制衡，让参与方各司其职、相互协作，从而保证受益人利益最大化，使信托目的最终得以实现。

遗嘱相关服务

遗嘱是家族财富传承最基本的工具之一。根据《民法典》第一千一百三十三条：自然人可以依照本法规定立遗嘱处分个人财产，并可以指定遗嘱执行人。自然人可以立遗嘱将个人财产指定由法定继承人中的一人或者数人继承；自然人可以立遗嘱将个人财产赠与国家、集体或者法定继承人以外的组织、个人；自然人可以依法设立遗嘱信托。《信托法》第八条规定：设立信托，应当采取书面形式。书面形式包括信托合同、遗嘱或者法律、行政法规规定的其他书面文件等。这为遗嘱与信托的衔接奠定了法律基础。遗嘱制度延展了信托的服务边界，实现当事人全生命周期的覆盖，真正为当事人提供了全面的人生规划。

相较于其他财富传承工具，遗嘱最重要的优势在于可实现资产的全覆盖。一般而言，财产的规划安排发生在当事人生前，当事人难以将生前的全部财产都纳入规划之中。例如，当事人生前有居住需求，其居住的房产无法在生前交付进信托，另外，当事人也会自留一部分财产用于基本生活需求。遗嘱会在当事人去世之后生效，那时当事人不再对财产有使用需求，因此可以对其全部财产进行安排，使得整体规划更为完整。

以遗嘱来配合孝（养）基金，可以延长服务链条，让当事人享受更长期的财富管理服务，在实现财产管理、养老保障等信托目的的基础上，进一步实现财富传承。委托人可以将暂时不想、不能或不便放入信托的财产，以遗嘱的形式在身后交付进信托。遗产进入信托后，受托人继续按照信托合同的约定管理运用信托财产，并将财产分配给受益人。若受益人是委托人本人，那么信托财产可以进一步向第二顺位的受益人，比如受益人的子孙后代等进行分配。通过这样先自益后他益的安排，委托人可以在安排好自己晚年生活的同时，做好财富传承的规划。一方面可以将财富传承给特定的人，避免家庭成员争夺遗产，引起遗产纠纷；另一方面也可以实现"细水长流"式的传承，避免大额财富一次性传承可能导致的挥霍行为以及他人的觊觎。

孝（养）基金的监护人

孝（养）基金是家庭人身事务管理和财产管理的综合载体，合理设置信托参与方，可保证人身事务管理与财产管理的有机融合。信托设立前对信托财产使用和分配的计划可以满足受益人大部分的生活需求，但有一些情形是信托设立前无法预料到的，例如，受益人有重大医疗需求，需要临时支付大额医疗费用。在这样的特殊情形下，信托允许受益人申请临时信托利益分配。考虑到受益人是老年人，若是出现失能失智等情况，则需要监护人提出申请。在孝（养）基金中，监护人能进一步确保信托财产被适时、适量、适当地用在受益人身上，因此是重要的信托参与方之一。

鉴于受益人有可能是缺乏民事行为能力的老年人，为进一步保障受益人的利益，信托还可以设置另一种参与方——信托监察人。在委托人不能亲自监督时，监察人负责监督受托人和监护人是否按照信托合同的约定履行职责、是否为实现受益人利益最大化管理与处分信托财产，从而形成权力制衡。

生前契约服务

除了对晚年生活进行规划，老年人也希望按照自己的心愿来安排后事。老年人或家属可通过生前契约的方式，为老年人做好规划，以老年人想要的方式与家人告别，预约一份看得见的尊严，正面、积极地迎接人生的必然历程。孝（养）基金可对接生前契约和殡葬机构，在机构完成服务后，受托人以信托财产支付相应费用，免去老年人及其家人的后顾之忧，进一步实现受益人全生命周期的覆盖。

四、孝（养）基金的功能、优势及应用案例

孝（养）基金的功能、优势

1. 财产管理

确保财产安全是家庭财产治理的基础和前提。依托信托制度的独特优势，孝（养）基金具有财产保护和隔离的功能。委托人交付进信托的财产不仅与委托人未设立信托的财产相区别，也与受托人的固有财产相区别，具有极强的独立性，不会受委托人或受托人所面临的各类风险的影响，有一定的安全性。

孝（养）基金为家庭财产的管理提供了一套可定制的规则。根据家庭的实际情况，通过信托层面的个性化约定，家庭成员可就赡养老人与相应的财产出资、管理和使用等事宜达成共识，并由受托人严格按照约定执行，让财产能够长期、有效地以规划的方式被管理和使用。

孝（养）基金提供专业的财富管理服务，对信托中暂时不使用的闲置资金进行投资管理，以实现财产的保值增值，让信托能够长期、可持续地运行。家庭成员在赡养老人的同时，还能获得一定的财务回报，这也是对"百善孝为先"的传统美德的一种正向

反馈和激励。

2. 规范赡养

对于多子女家庭而言，老人的赡养问题很容易引起家庭纠纷，这不利于家庭的团结、和谐。孝（养）基金用一种现代化的方式为老人赡养问题提供了一个解决框架，子女可通过信托的方式制订赡养老人的家庭规范。规范制订过程本身也是家庭成员相互沟通、相互协商最终相互理解和体谅的过程。规范一旦形成，家庭成员都需要长期遵守和执行，直至信托终止。规范赡养能够有效避免家庭矛盾，也为老人享受安心无忧的晚年生活提供了保障。

3. 养老规划

老年是人生的一个特殊阶段，步入老年，工作收入有所减少，身体的各项机能出现不同程度的下降，对于子女不在身边或没有子女的老人而言，解决好需要时有人照料并且有能力支付相应费用的问题，是安享晚年的基础。孝（养）基金就是一种养老规划工具，老人或者老人的子女可通过孝（养）基金提前规划老人的晚年生活：在老人有自理能力的阶段，以信托财产支持老人享受丰富多彩的生活；在老人丧失自理能力的阶段，有监护人在身边照料，有养老机构提供专业服务，同时确保信托财产真正用在老人身上，不被他人侵占或挪用，让老人的生活质量有所保证；在老人百年之后，按照老人生前的愿望安排殡葬事宜。这样一份有温度的养老规划,可以给予老人及其子女安全感和幸福感,让老人的晚年生活有尊严、有品质。

4. 财富传承

家庭治理的核心是让团结互爱的精神在家庭中代代传承。孝(养)基金既可以表达子女对父母的孝敬之爱,也可以承载长辈对子孙后代的关怀之爱。在孝(养)基金的第一顺位受益人百年之后,剩余的信托财产可以继续用于照顾其他家庭成员,如子一辈的生活和养老、孙一辈的教育和创业,等等。家庭财富通过信托受益权在长幼之间的转换、传承,以长者为先的尊老、敬老精神也一并在家庭中代际延续。

孝(养)基金的适用情形

孝(养)基金为家庭财产管理和家庭养老安排提供了新范式,这一新范式适用于以下几种情形。

1. 多子女家庭

家庭中有多个子女,每个子女的生活环境和经济状况不同,对老人赡养义务的承担方式也有差别。一般而言,子女会根据自己的条件和能力给父母经济上的支持或者生活上的照料,如果子女之间能够团结互爱、齐心协力,父母就能够安心地享受养老生活。如果子女不能就赡养老人的问题达成一致,都认为自己付出得比其他人多而心理失衡,那么就会产生家庭矛盾,甚至导致家庭成员反目,老人的生活也会受到影响。在这样的情况下,孝(养)基金通过对养老生活的规划和安排,细化和规范赡养老人的各项事务,让子女在信托的框架下进行协作,明确甚至量化每个人在资金或事务上的参与和付出,从而避免纠纷,给老人一个和谐幸福的晚年。

2. 无子女或失独老人

无子女老人或失独老人晚年没有子女可以依靠,随着年龄增加,即使身体和精神状态良好,在入住养老院时也会面临因无监护人签字而无法使用服务的情况,并且一旦老人出现失能失智、丧失或部分丧失生活自理能力的情况,将在生活和就医等方面陷入更加艰难的处境。通过孝(养)基金,老人可以提前规划自己的未来生活,即使失能失智,信托仍然可以为老人提供资金支持,覆盖医疗、看护等各项开支;同时配合监护人的安排,确保在必要时自己能够获得医疗、看护等各项服务。

3. 子女不在身边的独居老人

随着中国城镇化的发展和人口流动的加剧,越来越多的人选择离土离乡去往别的城市甚至远赴海外学习、工作和生活,由此便产生了大量子女不在身边的独居老人。独居老人没有子女在身边照料,一旦发生突发性的疾病和意外,将陷入很大的困境。没有条件或能力将父母接到身边与自己一同生活的子女，难免会记挂和担忧老人的生活状况，同时也为不能在父母身边尽孝而遗憾。孝（养）基金提供了一个破解难题的工具，既是子女对远方父母牵挂的精神寄托，也是帮助子女安排父母养老事务的得力助手，可以让孝心无惧时间和空间的阻隔，跨越山海。

应用案例

赵先生自幼生活在我国西部农村，父母都是地道的农民。赵爸爸为了能多赚一些钱给家里，跟着老乡去东部沿海城市跑长途货运，半年才回一次家。赵妈妈为了省钱，经常到山里挖野菜，去水果摊购买一些便宜、打折清货的水果。让赵先生印象最深的是，妈妈总把水果好的部分给他吃，不太好的部分就留给自己。当赵先生问妈妈为什么总是挑近乎软烂的水果回家时，她只是笑着说，因为这些水果更成熟、更甜，只有眼光独到的人才能品尝出它的味道。但赵先生心里明白这是妈妈为了不让他自卑而安慰他的话。妈妈总是告诉他一定要好好学习，因为知识改变命运。赵先生从小就下定决心要好好学习，努力赚钱让父母享福，以此回报父母的恩情。

赵先生自小聪明懂事，除了帮妈妈干家务外，在校成绩也非常优异，后来被乡贤看中，资助他读到研究生。研究生期间，赵先生积极参加科研项目,成功申请到国家奖学金和留学基金,获得了到国外学习的机会。赵先生结束国外学习后,成功进入美国的一家公司工作,工作几年后又因看好中美贸易的前景开始创业,之后成为企业家,获得了财务上的自由,并在国外娶妻生子。赵先生经济实力逐渐增强,也不忘改善老家父母的生活,给父母亲建了大房子,请阿姨照顾他们,等等。但随着父母年龄不断增长,赵先生又常年生活在美国,导致他留给父母的资产无人打理,因此,他希望有机构能代他打理并能将这些本金和收益专项用于父母的生活费、养老费用与医疗费用,让父母安享晚年。

1. 委托人需求

赵先生因为长期生活在国外,希望他在国内留给父母的资产有一个妥善长久的规划和安排,能让父母安享晚年,既延续他对父母的孝心,又让他在国外可以没有后顾之忧。

2. 信托架构

委托人:赵先生

受托人:信托公司

受益人:赵爸爸、赵妈妈

信托监察人:浙江某律师事务所

信托财产:现金1000万元

3. 孝（养）基金解决方案

赵先生原本是浙江某律师事务所的客户，律所在为其公司提供法律咨询服务时，发现客户家庭还有特别的需求，于是有了想帮他实现远距离尽孝心的想法，便向其推荐了信托公司。在得知信托公司有孝（养）基金服务信托时，赵先生表达了希望通过设立孝（养）基金来实现照顾父母晚年生活的愿望。双方在信托文件中约定，在信托设立后，委托人将信托财产全权委托给受托人进行投资管理和运营，并由信托按照约定每年支付其父母的生活费和医疗费等。对赵先生而言，信托像是他可以信任的好朋友，能帮助他远程孝顺父母。

第四章

✦ 监护、成年监护与特殊需要服务信托 ✦

　　监护制度起源于罗马法，罗马法设置了监护人及保佐人制度，其目的在于保护未成年人等无完全民事行为能力人的利益。但在古罗马，设置这项制度的目的首先在于保护家族财产的安全。在现代社会，监护就是民法所规定的对于无民事行为能力人和限制民事行为能力人的人身、财产与其他合法权益进行监督和保护的一种法律制度。但是随着中国经济体制的转型、文化类型的多元化发展以及私人财产的急速增长，上述狭义的监护概念已经难以适应当下人们的需求。

被监护对象及监护人

中国现行的监护制度主要由《民法典》总则第二节的规定，以及《未成年人保护法》第十条至十六条和《老年人权益保障法》第二十六条组成。

民法上的被监护的对象，也就是被监护人，主要包括两类：一类是未成年人，另一类是无民事行为能力人和限制民事行为能力的成年人。《民法典》中关于监护制度的规定主要由以下内容组成。

1. 对未成年人的监护

《民法典》第二十七条规定，"父母是未成年子女的监护人。未成年人的父母已经死亡或者没有监护能力的，由下列有监护能力的人按顺序担任监护人：（一）祖父母、外祖父母；（二）兄、姐；（三）其他愿意担任监护人的个人或者组织，但是须经未成年人住所地的居民委员会、村民委员会或者民政部门同意"。

2. 对非完全民事行为能力成年人的监护

《民法典》第二十八条规定，"无民事行为能力或者限制民事行为能力的成年人，由下列有监护能力的人按顺序担任监护人：（一）配偶；（二）父母、子女；（三）其他近亲属；（四）其他愿意担任监护人的个人或者组织，但是须经被监护人住所地的居民委员会、村民委员会或者民政部门同意"。

3. 遗嘱指定监护

《民法典》第二十九条规定，"被监护人的父母担任监护人的，可以通过遗嘱指定监护人"。

4. 协议监护

《民法典》第三十条规定，"依法具有监护资格的人之间可以协议确定监护人。协议确定监护人应当尊重被监护人的真实意愿"。

5. 指定监护

《民法典》第三十一条规定，"对监护人的确定有争议的，由被监护人住所地的居民委员会、村民委员会或者民政部门指定监护人，有关当事人对指定不服的，可以向人民法院申请指定监护人；有关当事人也可以直接向人民法院申请指定监护人。居民委员会、村民委员会、民政部门或者人民法院应当尊重被监护人的真实意愿，按照最有利于被监护人的原则在依法具有监护资格的人中指定监护人。依据本条第一款规定指定监护人前，被监护人的人身权利、财产权利以及其他合法权益处于无人保护状态的，由被监护人住所地的居民委员会、村民委员会、法律规定的有关组织或者民政部门担任临时监护人。监护人被指定后，不得擅自变更；擅自变更的，不免除被指定的监护人的责任"。

6. 意定监护

《民法典》第三十三条规定，"具有完全民事行为能力的成年人，可以与其近亲属、其他愿意担任监护人的个人或者组织事先协商，以书面形式确定自己的监护人，在自己丧失或者部分丧失民事行为能力时，由该监护人履行监护职责"。

一、中国成年意定监护方式及问题应对

2021年，《民法典》颁布实施，其第三十三条至三十五条勾勒了意定监护制度的轮廓，推动了中国成年监护的现代化，确立了意定监护的创新地位。

意定监护制度是民法对个人意思自治权利保护的又一体现，意定监护协议意在让成年人未雨绸缪、事先防范，在自己丧失或者部分丧失民事行为能力时，仍能有效处理各项事务。

中国成年意定监护与其他成年监护方式的区别

1. 行使指定监护人权利的主体不同

《民法典》第三十三条规定，"具有完全民事行为能力的成年人，可以与其近亲属、其他愿意担任监护人的个人或者组织事先协商，以书面形式确定自己的监护人，在自己丧失或者部分丧失民事行为能力时，由该监护人履行监护职责"。

行使意定监护权利的主体是"具有完全民事行为能力的成年人"，安排"自己"丧失部分或全部民事行为能力后的事项。也就是说，行使意定监护权利的主体正是"被监护人"本人。

《民法典》第二十九条规定了"遗嘱指定监护"的情形："被监护人的父母担任监护人的，可以通过遗嘱指定监护人。"有权利使用遗嘱的方式另行指定监护人的主体是"被监护人的父母"，并且该父母可以使用该权利的前提是，担任着监护人。如果父母因丧失监护能力而没有担任监护人或者因侵害被监护人的合法权益而被撤销监护人资格，以及因其他情况不再担任监护人，那么父母已不宜再通过立遗嘱的形式为被监护人指定为监护人。

《民法典》第三十条规定了"协议指定监护"的情形："依法具有监护资格的人之间可以协议确定监护人。协议确定监护人应当尊重被监护人的真实意愿。"有权利通过签署协议的方式另行指定监护人的主体是"具有监护资格的人"。对于无民事行为能力或者限制民事行为能力的成年人，协议的主体应当限制在《民法典》的第二十八条，即配偶，父母、子女，其他近亲属，经该成年人住所地的居民委员会、村民委员会或者民政部门同意的其他愿意担任监护人的个人或者有关组织。

《民法典》第三十一条规定了"指定监护"的情形："对监护人的确定有争议的,由被监护人住所地的居民委员会、村民委员会或者民政部门指定监护人……"由此看出,行使指定监护权利的前提是"对监护人的确定有争议的",行使指定监护人权利的主体是"被监护人住所地的居民委员会、村民委员会或者民政部门"。

总的来说,"意定监护"中行使指定监护人权利的主体为具有民事行为能力的被监护人,"遗嘱指定监护""协议监护"中行使指定监护人权利的主体为具有民事行为能力的其他监护人,"指定监护"中行使指定监护人权利的主体是被监护人住所地的居民委员会、村民委员会或者民政部门。由此可见,意定监护极大地体现了成年人的意思自治。

2. 被指定的监护人的可选范围不同

"协议指定监护"的监护人可选范围较为严格,通过协议方式确定的新监护人必须来自具有监护资格的人之列。如果在具有监护资格的人之外确定监护人,那么该协议监护是无效的。

"遗嘱指定监护"的监护人可选范围相较于"协议指定监护"而言更广一些。"遗嘱指定监护"是父母通过立遗嘱的方式选择值得信任并对保护被监护人权益来说最为有利的人担任监护人,可优先于《民法典》第二十七条和第二十八条规定的法定监护。

"遗嘱指定监护"的监护人,也应当不限于第二十七条和第二十八条规定的具有监护资格的人。但是,遗嘱指定的监护人应当具有监护能力,能够履行监护职责。如果遗嘱指定后,客观情况发生了变化,遗嘱指定的监护人因患病等丧失监护能力,或者因出国等不能够履行监护职责,那么应当依法另行确定监护人。

"意定监护"的可选被指定监护人范围相对更广,包括"其他近亲属""其他愿意担任监护人的个人或者有关组织"。

3. 意定监护优先于法定监护

意定监护是在监护领域对自愿原则的贯彻和落实,是具有完全民事行为能力的成年人按照自己的意愿事先对自己将来的监护事务所做的安排。意定监护不同于协议指定监护,后者仍然属于法定监护,协议的主体是具有监护资格的人。一般而言,意定监护优先于法定监护。《民法典》设立意定监护制度是为了尊重成年人自己的意愿,并保护成年人的意思自治。只有在意定监护协议无效或者出于各种原因,如协议确定的监护人丧失监护能力,导致监护协议无法履行的情况下,才适用法定监护。

中国意定监护制度的问题与应对

1. 意定监护协议中的"组织"具体包括哪些

从词面意思来看,《民法典》第三十三条所规定的可以担任监护人的个人和组织是没有任何限制的。但若从保持法律的和谐一致性的角度来看,《民法典》第三十三条所规定的组织理应按照第二十八条第四款的规定予以理解:"其他愿意担任监护人的个人或者组织,但是须经被监护人住所地的居民委员会、村民委员会或者民政部门同意。"

但此种理解又限制了意定监护协议制度立法价值的实现。意定监护协议制度的创设目的是解决当成年人在民事行为能力丧失或者部分丧失时,如何按本人的意愿处理自己需要应对但无能力应对各项事务的问题。这些事务不仅包括事务性工作,也涉及财产的保管、管理与使用。

如果成年人仅仅是寻找一个当其失去民事行为能力时能照顾自己的人,子女及其他近亲属可能是一个较好的选择。但是,如今社会中出现了越来越多的失独家庭、丁克家庭、无婚姻家庭以及子女不在身边的家庭,当这些家庭的成年人失去民事行为能力时,未必存在子女或者其他合适的近亲属可以担任监护人。因此,这些成年人更需要寻求除家人以外的社会组织的帮助,选择专业的社会组织担任其监护人。

现实中,由居委会、村委会或者民政部门担任成年人监护人的情况并不多见。如果说意定监护制度所指的"组织"还局限在这些尚需承担社会职能的公共服务机构(居委会、残联、妇女组织、民政部门等），那么其将受到法人性质和设立目的的制约，无法实现意定监护协议的功能价值。

设立意定监护协议制度的目的是尊重成年人的意思自治，因此也应尊重成年人选择适合的"组织"的权利，不该将"该组织是营利性的还是非营利性的"作为衡量标准，也无须征得被监护人住所地的居委会、村委会或者民政部门的同意，只需委托人（被监护人）与监护人之间达成合意即可。

以美国为例，美国的社会监护机构相当发达，并制定了指导社会监护机构的职业标准。这些社会监护机构既有营利性的，也有非营利性的，不同监护机构的设立原则与服务标准也是不同的，每个人可以根据自己的需要进行选择。

当下中国的富裕家庭越来越多，各种意外事件也越来越普遍，意定监护协议的制度优势除了善后功能外，还可以通过委托专业人士履行监护职责以实现财富的传承。既然《民法典》已经认可"组织"作为意定监护人，那么该"组织"就既可以是法人组织也可以是非法人组织，既可以是营利性组织也可以是非营利性组织。当然，这些"组织"并不能完全按照普通的商事组织对待，毕竟它们身负监护职能，而且关涉被监护人的基本生活需求。因此，对于这些"组织"的投资活动应予以严格管控，同时对从业人员也要设定严格的准入标准，并且那些曾经被纳入黑名单的失信组织和个人、存在重大违约诉讼或者曾受到破产宣告的组织与个人都应当严格禁入。

目前，中国迫切需要订立意定监护人的准入标准、职业准则、评价体系等辅助制度，也迫切需要发展一种集养老、医疗、理财于一体的"组织"。这样，委托人可以放心地将自有财产委诸打理，将所获收益用于支付养老医疗等各项费用，既可实现老有所托，又能实现财富的有效传承。不同于普通的商事组织，该类"组织"所从事的投资活动应以稳健为第一要义，且必须处在中国的监管体系之下，有较强的社会信用背书。这样一来，既解决了核心家庭的养老困境，同时还可以盘活大量沉睡在银行的存款。以发展的眼光来看，目前中国的信托公司是非常适合成为这样的"组织"的。

2. 意定监护协议的成立仅仅要求采取书面形式是否充分

签订意定监护协议后，该协议一般在被监护人丧失或者部分丧失民事行为能力时开始生效，但是此时被监护人的意思能力已经受限，如果发生争议，再通过被监护人确认该意定监护协议是否真实有效，恐怕非常困难。现实中，民生新闻上也经常出现因老人患上阿尔茨海默病，家属和其未患病前指定的监护人之间发生争议而诉诸法院的案例。

为了减少关于意定监护协议是否成立、是否有效等的争议，许多国家不仅要求签订书面意定监护协议，而且要求必须经过公证或者登记审查等实质性程序。比如美国 2006 年修订的《统一授权委托书条例》第一章第五条规定：代理人代理权的行使必须以委托人亲自在授权委托书上签字，或者在委托人在场的情况下由第三人代表委托人在授权委托书上签字为前提。如果委托人在公证人或法律授权的主体面前承认授权委托书上的签名的效力，那么授权委托书上的签名将被推定是真实有效的。尽管美国没有将公证作为意定监护协议的必要成立要件，但公证人见证授权具有不可置疑性。

在英国，年满 18 周岁的自然人在有意思能力时可以选任合格的自然人或者法人作为代理人，双方必须书面签订协议并向保护法院申请登记，由保护法院的公设监护人完成对利害关系人的通知，无人提出异议后方可完成登记，经登记的意定监护协议一般不会因为形式瑕疵或者意思表示瑕疵而不成立或者无效。

日本关于任意监护的成立和生效不仅要求以书面形式订立，而且要求必须由公证人基于任意监护契约制作公证书，法务局在监护登记的文档中登记任意监护契约，并且对必须登记的事项做了详细的规定。

在我国，《民法典》第三十三条只规定了意定监护协议应当采取书面形式，并没有对意定监护协议作特别形式要求。为了减少纷争与歧义，意定监护协议宜采取公证形式。

公证之所以必要，主要是因为意定监护协议往往是在被监护人丧失或者部分丧失民事行为能力时才生效。协议生效后如果在履行过程中发生纠纷，那么法院首先要对协议的真实有效性进行审查，而此时作为委托人的被监护人，其意思能力已经受到限制，对于意思表示是否存在瑕疵的认定将会十分困难。因此，引入公证程序可以最大限度地确保意定监护协议的真实性与合法性。首先，公证机关的工作人员一般都是法律专业人士，能够对意定监护协议的签订双方予以一定的专业指导，确认缔约双方具有缔约能力，确保合同内容合法真实。其次，在中国当前的制度体系下，并没有专门的监护法院或者家事法院，如果将对意定监护协议的登记审查交由法院来处理，那么对本来就已经面临案多人少困境的基层法院而言无疑是雪上加霜。如果交由民政部门专司此职，那么民政部门需另行成立专班，这将进一步导致行政机关臃肿，并且难免让意定监护协议染上行政监管的痕迹。因此，公证机关担任此职，完全是顺理成章。一是公证机关作为事业单位目前正在改革，逐步走向市场，公证机关有更大的动力去做好意定监护协议的公证工作；二是公证机关具备从事审查登记业务的专业队伍，无需另行组队；三是公证机关担当此任也与其他国家的立法案例相契合；四是实践中已经存在为数不少的公证机关为意定监护协议进行公证的案例，已有一定的操作经验。

3. 意定监护协议何时生效

意定监护协议生效不同于意定监护协议有效。具有完全民事行为能力的成年人通过意定监护协议的形式，与监护人达成合意，这个行为是合同行为，且该意定监护协议符合《民法典》相关规定，即该合同有效。意定监护协议是具有完全民事行为能力的成年人对未来自己失去部分或者全部民事行为能力情形的一种提前安排，因此，在被监护人尚未完全丧失或者部分丧失民事行为能力时，处于有效状态，但不一定生效，未生效时监护人无须履行协议约定职责。

那么，监护人该何时履行其监护职责以及如何履行呢？事实上，这也是困扰中国意定监护制度应用的又一难题。中国并无配套的法律制度，面对这些难题，可以借鉴与参考其他国家已有的立法经验。

意定监护协议生效有以下几种模式。一是英美模式。英美采用持续性代理授权制度，即当事人事先签署普通的代理合同，而后转变为意定监护合同。也就是说，委托人将事务委托给受托人，当自己的意思能力丧失或者部分丧失后，在公权力机关监督下继续履行委托合同。在这种情况下，委托合同和意定监护合同同时成立，在本人丧失意思能力之前，按委托合同处理，丧失意思能力以后按照意定监护合同处理。英国为确保持续性代理权无争议，要求代理人持代理权证书向保护法院申请登记,由法院通知近亲属和利害关系人,无异议裁定准许后方能符合授权要求,授权才会生效。二是日本模式。在日本模式下,意定监护协议一旦签订即生效,即便是轻度的智力障碍者、精神障碍者,只要还有一定的意思能力,也可以订立意定监护合同。合同缔结后,根据当事人的申请,法院选任意定监护监督人,合同即生效。根据日本的《任意监护法》,意定监护在公证后成立,法院选任意定监护监督人时合同生效。

被监护人在丧失或者部分丧失民事行为能力时,应当予以宣告。根据《民法典》第三十三条的规定,中国意定监护协议属于附条件法律行为,条件成立与否决定了法律行为是否生效。意定监护协议的生效条件就是被监护人丧失或者部分丧失民事行为能力,对这个条件的成立与否不能简单地作出判断,必须对被监护人的意思能力作出鉴定,除非被监护人丧失民事行为能力是明显到无须鉴定的,比如突发精神分裂症,或者成为植物人等。如果被监护人是否丧失民事行为能力的表现并不明显,那么就需要对被监护人的民事行为能力作出判断。德国、法国采取的是医学鉴定标准,即通过医学技术或者心理评估等方法,判断其是否在医学上存在认知能力障碍。但是在某些情况下,虽然医学鉴定结论显示其有足够的意思能力,但其确实无法通过外在行为表达,故医学鉴定结论并不能和民事行为能力直接画等号,因为存在一定的智力障碍或精神障碍或许并不影响当事人对事实的认知。因此,英美两国采用医学鉴定和法律鉴定相结合的方式,在医学鉴定的基础上,根据已有医学结论,由法官断定精神疾病或者智力障碍等情况是否会影响到对法律事实的认知和表达。在英国和美国,持续性代理人向法院提出申请,经法院允许后生效;日本则可以由本人、配偶、其他近亲属以及意定监护受托人向家庭法院提出申请,并且只有在选任出意定监护监督人时生效。由此可见,由权威机构确认、宣告被监护人丧失或部分丧失民事行为能力是意定监护协议生效的前提条件。

那么,中国该怎样借鉴和应用呢?《民法典》第三十三条并没有规定申请人以及受理机构,但是根据《民事诉讼法》的规定,认定本人为无民事行为能力或者限制民事行为能力人必须经过宣告程序。如果意定监护制度没有就此作出特别规定,那么就该参照《民事诉讼法》关于宣告制度的相关规定,由其近亲属或者其他利害关系人向该公民住所地的基层人民法院提出申请。

4. 宣告被监护人为无民事行为能力或限制民事行为能力人之前,受托人如何履职

由于宣告必须经过一定的法律程序,且需要一定时日,如果这期间发生被监护人急需处理的监护事务,那么受托人应该怎么

办？即使此时受托人开始履行监护职责，其在法律上也属于无权代理；而若全然不管，或许会错失最佳处置时机，给后续相关事务的处理带来更大的障碍。事实上，在此空档期，法定监护人应当履行相应的职责，但是鉴于意定监护协议，此时的意定监护受托人也不能完全不管，而应该向法定监护人提出事务处理建议供法定监护人参考。如果没有及时出具监护建议，那么将可能承担相应的赔偿责任。如果已经出具了监护建议，但是法定监护人拒不接受，那么可以作为免责事由。

案例分享：孙某乙申请变更监护人纠纷案

2022年4月8日，最高人民法院发布了老年人权益保护第二批典型案例，第二批例案例涉及意定监护、变更监护人。

基本案情：被监护人孙某某现年84岁，曾患小儿麻痹症，有肢体残疾后遗症，父母、妻子均已过世。2019年，孙某某的房屋因旧房改造被征收。孙某某的女儿孙某甲在其不知情的情况下，申请对孙某某进行行为能力鉴定并指定自己为监护人。后经司法鉴定科学研究院鉴定，法院判决宣告孙某某为限制民事行为能力人，指定孙某甲为其监护人。现孙某某侄女孙某乙起诉要求变更监护人。经法院查明，上海市普陀区公证处出具的《公证书》载明，孙某某与孙某乙等签订的"意定监护协议"约定委任孙某乙为意定监护人、陶某某为监护监督人。房屋拆迁后，孙某某不再与孙某甲共同生活，孙某某的钱款和证件等均由孙某乙及其父亲保存与管理，由孙某乙对其进行照顾。审理中，法院在庭审与居住地调查中多次征询孙某某意见，其均表示希望孙某乙作为监护人。

裁判结果：上海市静安区人民法院认为，孙某某虽为限制民事行为能力人，但有一定的理解表达能力，其多次表示不愿意让孙某甲担任监护人且同意由孙某乙担任监护人，态度十分坚决。考虑到被监护人孙某某的实际状况，孙某甲在客观上无法再继续履行监护职责，亦未将监护责任部分或全部委托给他人。从有利于被监护人孙某某的角度出发，判决变更监护人为孙某乙，希望孙某乙能从维护被监护人利益的角度出发，依法行使监护的权利，认真履行监护职责，切实保护孙某某的人身、财产及其他合法权益。除为维护孙某某的利益外，不得擅自处理孙某某的财产。若孙某乙存在侵害被监护人利益的情况，孙某甲等其他愿意担任孙某某监护人的个人或组织亦可向法院申请变更监护人。

典型意义：本案系典型的意定监护与法定监护相冲突的变更监护权案判决。法院既考量了意定监护协议约定，又考量了被监护人的实际生活情况，坚持最有利于被监护人原则和最大限度尊重被监护人真实意愿原则，多次征询被监护人意见，并突击走访被监护人家及居委会，了解其真实生活与医疗等情况，综合各方因素，依法判决变更监护人。同时，积极引导监护人自觉履行监护职责，切实保障了"失智"老年人的合法权益。

二、特殊需要服务信托的概述

特殊需要信托（special needs trust），亦称补充需要信托（supplemental needs trust），意在为身心障碍者生活品质的改善提供信托资金扶持，同时保留社会福利资格，强调"补充"而非"替代"社会救助。从信托财产来源看，特殊需要信托既可用身心障碍者的自有财产设立，也可用第三方财产设立。从信托设立人和信托利益归属来看，特殊需要信托可以是自益信托也可以是他益信托。自益信托是身心障碍者在丧失行为能力之前成为委托人，同时以未来可能丧失行为能力的本人作为受益人设立的信托。他益信托则系家庭成员、朋友或法庭等为身心障碍者的利益设立的信托，譬如父母以自己的财产为存在身心障碍的子女设立的生前信托或遗嘱信托。特殊需要信托制度能够为残疾人、精神病患者、老年人提供经济、生活、精神等多方面的保障，相对于成年监护制度更加全面，能够满足失智失能者提高生活质量的需要，契合了当前老年残疾群体对福利需求扩张的趋势。

服务对象

特殊需要服务信托的服务对象为特殊需求群体及其家庭，特殊需求群体包括身心障碍人士（如孤独症）、老年人、未成年人以及身患重病人士等。

1. 老年人

随着年龄的增加，人的认知能力逐渐衰退，老年人发生失能失智的概率大幅增加。失独老人、孤老等群体，由于没有子女在身边照料，生活上会面临诸多不便，并且在没有监护人的情况下，入住养老院或就医也会面临无人签字的尴尬境地，晚年生活质量难以保障。

2. 身患重病人士

身患某些特殊疾病的人士，随着病情的发展可能部分或全部丧失行为能力，例如渐冻症患者，若身边没有亲属照顾则会陷入困境。因此，身患重病人士对人身财产的安排有着特殊需求。

3. 身心障碍人士

部分身心障碍人士因生活自理能力的不足或缺失，严重依赖家人照料，而一旦家人去世或丧失照料能力，即使留有足够的财产，也难以被妥善地管理和使用，并且还可能遭到觊觎和侵占。

4. 未成年人

未成年人由于心智发育尚未健全，需要监护人的照料。单亲家庭中，单亲父／母一旦发生意外或不幸患病，若没有祖父母或可信赖的亲人接管，未成年人则会面临无人抚养的情况，不利于其成长。

运用工具

为特殊需求群体提供信托服务，需要综合运用监护、信托、遗嘱等多种制度工具。

1. 监护制度

特殊需求群体的核心诉求之一在于为自己或家人进行人身方面的规划，确定信任的人作为自己或家人的监护人，实现日常照料和紧急情况下的准确决策，保护被监护人的人身财产权利和其他权利。在没有家庭成员担任监护人的情况下，特殊需求群体当事人需要寻找其他愿意担任监护人的个人或组织，采用意定监护的方式与之建立监护关系。

2. 信托制度

监护人有权处分被监护人的财产。《民法典》第三十五条规定，"监护人应当按照最有利于被监护人的原则履行监护职责。

监护人除为维护被监护人利益外，不得处分被监护人的财产"。当被监护人有较为大额的财产时，被监护人需要采取更加安全有效的方式来管理其财产。监护人未必具有足够的财产管理经验和能力，大额财产也可能引发监护人的道德风险，出现财产侵占、财产滥用等情况。

信托制度具有实现财产所有权和受益权分离、保证财产独立性的功能优势。通过合理的信托架构设计，委托人可以极大程度地保留对财产的控制权，使得财产在较长时间内能够按照委托人的意愿进行管理与使用；还可以对监护人支取和使用财产进行监督，有效保证信托财产真正用于受益人（被监护人）。相比于监护人，信托公司在财产管理方面更具专业优势，能够合理配置资产，实现安全性和增值性的均衡，并且财产的管理过程也会更加规范。

3. 遗嘱制度

遗嘱是家族财富传承最基本的工具之一。《民法典》第一千一百三十三条：自然人可以依照本法规定立遗嘱处分个人财产，并可以指定遗嘱执行人；自然人可以立遗嘱将个人财产指定由法定继承人中的一人或者数人继承；自然人可以立遗嘱将个人财产赠与国家、集体或者法定继承人以外的组织、个人；自然人可以依法设立遗嘱信托。

相较于其他财富传承工具，遗嘱最重要的优势在于可实现资产全覆盖。一般而言，财产的规划安排发生在当事人生前，因此，当事人难以将其全部的财产都纳入规划之中。例如，当事人生前有居住需求，但其居住的房产无法在生前交付进信托，另外，当事人也会自留一部分财产用于满足基本生活需求。而遗嘱生效于当事人去世之后，那时当事人不再对财产有使用需求，因此可以对其全部财产进行安排，使得整体规划更为完整。

值得注意的是，《民法典》第一千一百三十三条规定了自然人可以依法设立遗嘱信托。《信托法》第八条规定：设立信托，应当采取书面形式；书面形式包括信托合同、遗嘱或者法律、行政法规规定的其他书面文件等。这为遗嘱与信托的衔接奠定了法律基础。遗嘱制度延展了特殊需要服务信托的服务边界，实现当事人全生命周期的覆盖，真正为特殊需求群体提供了全面的人生规划。

三、特殊需要服务信托的主要模式

意定监护与委托监护

《民法典》秉持着以人为本的精神，在其第三十三条规定，具有完全民事行为能力的成年人，可以与其近亲属、其他愿意担任监护人的个人或者组织事先协商，以书面形式确定自己的监护人，在自己丧失或者部分丧失民事行为能力时，由该监护人履行监护职责。该规定明确了意定监护制度。对于成年人，特别是老年人而言，若无法定监护人（如配偶、子女、父母等），或者不信赖自己的法定监护人，未来入住养老院或护理院、就医等需要监护人签字确认时将陷入极大的困境，并且当发生失能失智等丧失生活自理能力的情况时，也将面临无人照料的问题。在意定监护制度下，这类群体可以按照自己的意愿指定信任的个人或组织担任自己的意定监护人，在失能失智之后由意定监护人保护当事人的人身财产权利。

《民法典》第二十九条规定，被监护人的父母担任监护人的，可以通过遗嘱指定监护人。也就是说，未成年人的父母在去世后可以通过遗嘱将自己的监护权让渡给除父母之外的第三人。由此衍生出意定监护的另一种形式——委托监护。未成年人或者有身心障碍的成年人，主要依赖父母的抚养和照料，一旦父母均离世、父母一方去世或者双方离异而负责照料子女的一方再婚，就有可能出现子女无人照料或照料不到位的情况。为了防止上述情况，父母一方可以将自己的监护权委托给除配偶之外的第三人（代理监护人），在父母出现无法照顾子女的情况时，由代理监护人替自己行使监护人权利，履行监护人义务。

无论是意定监护还是委托监护，理论上都有意定监护人／代理监护人与法定监护人同时存在的情况。这将不可避免地产生一个问题：如果意定监护人／代理监护人与法定监护人对于被监护人的人身或财产安排存在分歧，应以哪一方的决定为准？尽管尚无明确的法律规定，但是在实际操作过程中一般认为：意定监护人对于被监护人的安排决定比法定监护人有更高的法律效力，而代理监护人对于被监护人的安排决定与法定监护人具有同等的法律效力。这是因为意定监护人的指定体现的是被监护人自己的意愿，法律对于当事人的意愿给予充分的尊重，而基于这一意愿表达所产生的意定监护人，其法律效力自然高于法定监护人。而代理监护人本质上是法定监护人将自己基于法律所享有的监护权让渡给另一人，在让渡的过程中不会提升或降低法律效力，因此，代理监护人与法定监护人享有同等的效力。

1. 签订监护协议

特殊需求群体在丧失民事行为能力之前，可以与意定监护人签订监护协议，确立监护关系，授权意定监护人代表其本人管理人身及财产事务。监护协议通常应包含以下内容。

（1）监护人和被监护人的姓名或名称

监护人和被监护人一般作为协议的双方，签订监护协议。

（2）监护人的职责范围

监护人肩负管理被监护人人身和财产事务的职责，包括照管被监护人的日常生活，办理医疗护理相关事务，代理被监护人民事活动、诉讼及非诉讼活动，管理和保护被监护人的财产等。但是监护人的职责也受到一定的限制，比如不能改变被监护人在签署监护协议之前或之后所签署的生前预嘱、遗嘱、遗嘱替代文书、人寿保险的受益人等。

（3）监护人职责开始的时间或条件

监护人按照协议约定的时间或条件开始履行监护职责。一般而言，当被监护人出现丧失或部分丧失民事行为能力（包括因精神、智力、年龄、疾病等无法辨识自己的行为或处理自己的事务）时，监护人开始履行监护职责，但协议也可以约定在这一情形发生之前的某一时点开始履行职责。

判断被监护人是否丧失或部分丧失民事行为能力，应当依据有资质的医院或医生出具的确诊书，或经过司法鉴定机构、人民法院的认定。

（4）监护期限

监护人履行监护职责的期限，一般是到被监护人去世为止。被监护人的身后事宜尽管不在监护人职责范围内，但是往往也仰赖监护人协助处理。因此，监护人和被监护人可以在签订监护协议之外,再另行签署授权委托书或订立遗嘱,以安排身后事宜。

（5）监护转移和放弃

除特殊情况外,监护人不得将监护职责转委托于第三人。监护人可以放弃监护,但需要通知法定监护人,无法定监护人的应通知具有监护资格的组织。在监护人与法定监护人或具有监护资格的组织完成交接之前,监护人仍应继续履行监护职责。

（6）第二顺位监护人

为防止因监护人丧失监护能力、去世或放弃监护而无人监护被监护人的情况,监护协议中可以约定第二顺位、第三顺位或者更多顺位的监护人。当前一顺位的监护人不能或不愿履行监护人职责时,后一顺位监护人可接替前一顺位监护人履职。

（7）监护报酬

监护人可以收取监护报酬,相应的酬金可在监护协议中进行约定,从被监护人的财产中支取。

（8）监护监督

监护协议中可以指定监督人,监督人对监护人的履职情况进行监督。由于监护发生时,被监护人已经丧失或部分丧失民事行为能力,因此在监护关系中属于相对弱势的一方,如果监护人出现道德风险,那么极有可能侵占被监护人的财产,甚至虐待被监护人。设置监督人可以有效防范此类风险。除日常监督外,监护协议还可以约定监护人开始履行监护职责后定期向监督人出具监护报告，并对重大变故进行临时报告，以规范监护人的履职行为。

以上我们主要讨论有民事行为能力的成年人为自己指定监护人的情况，如果是身心障碍者或未成年人的父母为其子女指定代理监护人，授权代理监护人代表子女进行人身和财产方面的安排与决定，则监护协议由被监护人的法定监护人与代理监护人签订，协议的基本内容与前面所讨论的相一致。

2. 监护登记

签订监护协议，建立监护关系，意味着人身和财产事务管理权利的重大授权，一旦监护人开始履职，就会介入被监护人社会生活的方方面面。监护人可以处置被监护人的重要财产，代被监护人签署各类协议，为被监护人进行医疗安排，甚至在特定情形下有放弃对被监护人进行医疗救治的权利，因此，监护人对于被监护人而言有着极高的权利和责任。为了规范监护关系，保护监护双方在监护过程中的利益，应当对监护协议进行登记。目前，中国意定监护的登记制度尚未建立，监护协议的登记机构、登记方式和登记流程在法律上尚未明确。协议双方在公证机构的指导下签署协议，并将协议在公证机构进行登记，是当前一种具有可操作性的方式。

监护与信托的融合

监护制度和信托制度都是通过事前安排来规避未来不可预知的风险，前者更适宜用来进行人身事务的管理，而后者则在财产管理方面更具专业优势。两者在功能上既相互一致，又优势互补，具有高度的契合性，并且信托的灵活性又为监护与信托的有效融合提供了可能性。

1. 信托 + 监护

（1）模式描述

特殊需求人士的家长或家属一方面需要找到值得信任的个人或组织作为特殊需求人士的监护人，另一方面可以通过设立信托，将一部分财产隔离出来，用于未来照顾特殊需求人士的生活。受托人根据合同的约定，对信托财产进行投资管理，同时按照委托人指定的频率向受益人分配信托利益或直接向为受益人提供托养、医疗等服务的机构支付费用。当受益人有临时的大额用款需求，且监护人垫付了相关费用时，监护人可以凭发票向信托申请临时分配，以实现在保障财产安全的同时能够充分支持受益人生活的目的。信托层面还可以设置监察人，对信托财产的管理使用进行监督，从而进一步保障受益人的利益（见图 4-1）。

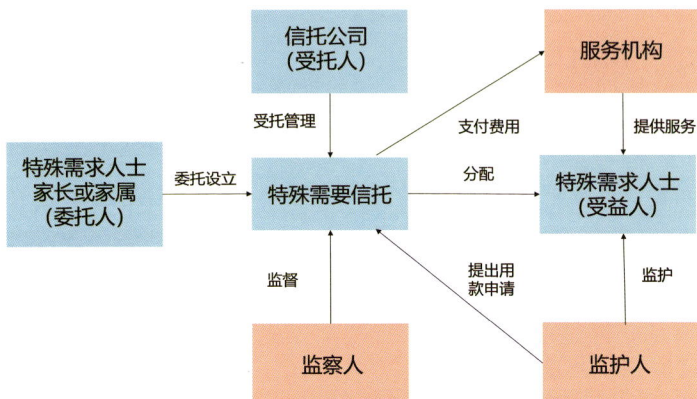

图 4-1 "信托＋监护"模式交易结构

（2）优势与特点

"信托＋监护"的模式通过信托将财产进行隔离，可以有效规避各类风险，确保在委托人丧失行为能力时，有一笔信托财产可用于照料受益人的生活。同时，在委托人丧失行为能力后，受托人承担大额财产的管理，可减轻监护人的财产管理负担，避免监护人侵占财产或因财产管理不善而造成损失的情况，也可以避免社会舆论给监护人的压力，使监护人能够专注于被监护人的人身事务管理。

（3）适用情形

"信托＋监护"模式需要委托人在设立信托时就交付信托财产，且由于其信托目的的刚需特性，一般需要交付现金财产，以便未来用于照料受益人的生活。因此,这一模式适合现金较为充裕的家庭为特殊需求家庭成员进行提前安排。

2. 信托 + 监护 + 遗嘱

(1) 模式描述

委托人在确立监护人和设立信托的同时订立遗嘱,在遗嘱中指定遗嘱执行人并明确遗产的部分或全部由遗嘱执行人处置为现金交付到信托中,从而实现委托人身后财产的交付和追加。由于信托在委托人去世后依然存续,因此可继续将财产按照信托合同中的约定用于照料信托的受益人,即特殊需求人士(见图 4-2)。

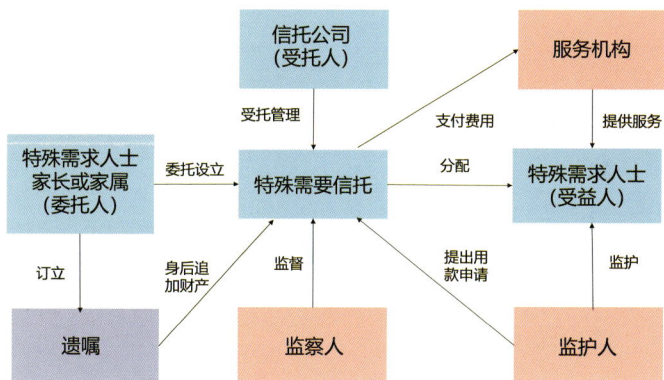

图 4-2　"信托 + 监护 + 遗嘱"模式交易结构

(2) 优势与特点

在"信托 + 监护 + 遗嘱"的模式下,一方面委托人可以实现身后财产交付，可交付的财产类型也由现金拓展到更多非现金财产，为特殊需求家庭提供了更加灵活的信托财产类型和财产交付时点的选择。另一方面由于特殊需求家庭的困境主要在于父母离世后子女无人照料。在父母在世期间，子女的生活一般可以得到保障，因此，身后交付财产并启动信托，对于资金并不充裕的家庭而言，可以最大限度地节约成本以及充分发挥信托的作用。

（3）适用情形

"信托+监护+遗嘱"模式适用于父母想为特殊需求子女设立信托，但现金不够充裕，需要使用非现金类财产，例如房产来实现信托财产交付的情形。由于委托人生前仍需要持有房产以满足居住需求，因此生前无法完成对这部分财产的处置和交付。委托人去世后，特殊需求子女入住托养机构，此时房产不再需要居住，因此可转化为现金以支持子女日后的生活。委托人通过遗嘱安排，由遗嘱执行人处置房产并完成信托财产交付。

3. 信托+监护+保险

（1）模式描述

委托人在设立信托前，先购买人寿保险，并将保险的受益人变更为信托公司，从而向信托交付保险金请求权作为信托财产。当保险的给付条件满足时，保险金赔付至信托账户，由受托人进行投资管理，并向受益人进行分配（见图4-3）。

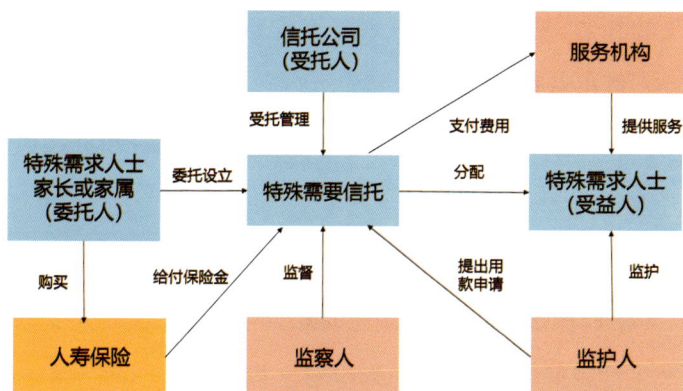

图 4-3　"信托＋监护＋保险"模式交易结构

（2）优势与特点

保险具有一定的杠杆性，可以以较低的保费获得相对较多的保险金。保费本身可以分期缴纳，缴费期限可达 20 年甚至更长。用保险金请求权作为信托财产设立信托，可有效降低委托人的资金压力，允许委托人以较少的初始资金搭建和启动信托的架构。未来随着委托人的收入不断增加，可用收入持续缴纳剩余的保费，此外，也可以将盈余的资金追加交付进信托账户。其实，更重要的是保险的保障功能。一般而言，无论是年金险还是终身寿险类型的人寿保险，都会有一项身故保险金的保险责任。万一委托人（一般委托人既是投保人也是被保险人）因为疾病、意外等离世，家庭的经济状况受到巨大冲击，身故保险金能够作为家庭收入损失的补偿,覆盖受益人未来五年甚至更长时间的生活支出。

（3）适用情形

"信托 + 监护 + 保险"的模式利用保险的杠杆和低门槛优势来减轻委托人的现金流压力,适用于现金流不太充足的家庭。保险为整个架构增加了保障性,对于以工资为主要收入来源的家庭而言,即使在失去家庭经济支柱的意外情况下,也能为受益人提供未来生活保障。另外,终身寿险对于被保险人的年龄和身体状况有一定要求,年龄过高或身体出现疾病都可能无法投保,或者即使能投保,保险的杠杆性也很低,甚至出现保额低于保费的情况,保障效果会大打折扣。因此,"信托 + 监护 + 保险"的模式一般而言适合年龄在 60 岁以下、身体状况较好的委托人。

四、特殊需要服务信托的境外经验

为了满足特殊家庭的需求,增进社会福祉,不少国家和地区尝试建立特殊需要信托机构,为有需要的家庭和个人提供特殊需要信托服务,如新加坡等。

新加坡特殊需要信托

1. 业务模式

新加坡社会及家庭发展署（Ministry of Social and Family Development，MSF）牵头推出了一项针对特殊需求群体的信托计划（special needs savings scheme，SNSS）。根据这个计划，家有特殊儿童，如患有智力障碍、孤独症、脑瘫、唐氏综合征等疾病的儿童的父母，可以享受特殊需要信托（special needs trust）服务。父母将财产委托给可信赖的受托人，由受托人负责有特殊需求的子女在其父母离世之后的财产安排，并提供可负担的财产管理服务，让他们能够更好地生活。

上述可信赖的受托人即特殊需要信托机构（special needs trust company limited，SNTC）。它是 2008 年在社会及家庭发展署、国家社会服务联会（National Council of Social Service，NCSS）的支持下成立的，专门为有特殊需求的人士及其家长或照顾者提供信托服务的非营利信托公司，具有慈善机构和公益机构（institution of a public character）的资格。

SNTC 是新加坡唯一一家提供特殊需要信托的机构，有着先进的服务理念、完整的运行框架和全面的服务范围。

2. 业务要求

有特殊需求的人士（受益人）的家长或照顾者可设立信托账户，最低信托财产金额为 5000 新加坡元（约合人民币 24000元），条件是受益人必须为新加坡公民或永久居民，并居住在新加坡。

3. 服务范围

在受益人的家长或照顾者身故或丧失工作能力后，信托会被启动，SNTC 利用信托账户向受益人发放款项，以满足其日常生活的需要。有关款项是根据既定的照顾方案及照顾者在意向书中列明的意愿而发放。

4. 服务人员

SNTC 通过"案件经理"（case manager）来办理具体个案。这些案件经理都经过了专门的社工培训，此外还有大量法律、医学、金融专业领域的志愿者愿意提供支持。

5. 财产管理

SNTC 只管理现金资产。家长、照顾者或其他供款人可在其遗嘱中指定有关信托接收现金资产或从非现金资产中取得的现金收益。信托账户内的资金可用于低风险投资，以赚取收入。新加坡政府为信托财产提供本金保障。

6. 费用补贴

SNTC 收取的服务费大部分由社会及家庭发展署提供补贴，该公司收取的费用包括：一次性信托账户开立费 1500 新加坡元（约合人民币 7221 元）；在照顾者身故或丧失工作能力后的一次性账户启动费 400 新加坡元（约合人民币 1926 元）；在开始分配信托利益后，每年收取 400 新加坡元（约合人民币 1926 元），作为信托启动后的管理费。对于上述费用，社会及家庭发展署提供 90% 的补贴，也就是说，客户只需要支付 150 新加坡元的信托账户开立费、40 新加坡元的账户启动费和每年 40 新加坡元的管理费。此外，SNTC 在信托启动前每年收取管理费 250 新加坡元（约合人民币 1204 元），这部分费用则全由社会及家庭发展署资助。

对于特殊需求群体而言，在新加坡设立特殊需要信托的成本不高。新加坡政府在背后给予了特殊需要信托机构高额的财政补贴。SNTC 2019—2020 年的年度报告显示，其 2020 年接收社会及家庭发展署的资助金额约为 248 万新加坡元（约合人民币 1196 万元），累计开设特殊需要信托 772 个，平均每个信托一年获得 1.5 万元人民币的服务补贴。

7. 信托终止

信托一旦成立，便不可撤销。除非信托账户内的资金全数用馨、受益人永久离开新加坡或身故,否则信托账户便不会终止。

8. 财产不足时的处理方式

信托账户启动后,SNTC 会不断监测账户中的财产支出和分配计划,当剩余财产不足以支持受益人未来 5 年的生活时,SNTC 会建议委托人追加财产或者调整分配计划,使信托财产能够在更长时间内支持受益人的生活。必要时,SNCT 还会帮助委托人对接其他资源。如果特殊需求人士的家长无法拿出足够的资金来设立特殊需要信托,SNTC 会通过使用本机构从捐赠人处接收的捐赠款项来尽量降低其负担,为其提供帮助。

9. 经验总结

新加坡成立了专门开展特殊需要信托的非营利性信托机构,通过接受政府补贴和慈善捐赠,为特殊需求人士提供可负担的服务,具有极强的普惠和福利性质,同时受主管部门、社会公众的监督,具有较高的公信力。SNTC 所提供的信托服务,为有特殊需求的人士提供了一个在其家长或照顾者身故后仍然有效的财政安全网,能有效地为特殊需求人士提供全方位的服务,这一点是相当值得学习借鉴的。

美国特殊需要信托

美国 1993 年《综合预算调节法案》基本上禁止个人通过信

托隐匿其资产以获得医疗补助福利的机会,但是该法第1396p(d)(4)条允许三种例外情况下的特殊信托,即在评判社会救助资格时,该信托财产利益可作为"不被计量"的财产。《美国法典》(United States Code,U.S.C)明确规定了补偿信托和集合信托两类法定特殊需要信托。此外,美国《程序操作手册系统》规定了第三方特殊需要信托。所有特殊需要信托必须符合一定的要求,例如:受益人必须是"残疾人";受益人不享有撤销信托的权利,不能指示信托资产的运用以维持自己的生活需要(否则信托资产将被视为受益人"可利用的"财产,进而在考察公共福利资格时纳入"可计量"财产,导致福利资格丧失);残疾人自身不能担任受托人等。具体模式总结如下。

1. 补偿信托(payback trust)

补偿信托财产主要来源于诉讼、继承、法院指定的赡养费或子女抚养费等受益人的自有资产。信托财产可以是一次性支付,也可以是定期支付。补偿信托的规定在《美国法典》第42编公共健康与福利第1396p(d)(4)(A)条,因此也被称为"(d)(4)(A)信托"。法律规定补偿信托必须由父母、祖父母、法定监护人或法庭设立且不可撤销,设立时受益人只能是年龄为65岁以下的身心障碍者。受益人达到65岁之后,信托依然继续生效,只是受益人的自有资产不再计入信托财产,除非它们是定期支付的部分。信托文件必须说明该信托是为受益人的个人利益而设立，以及在受益人去世后，信托财产必须偿还给医疗补助机构，以补偿受益人在其有生之年所获得的医疗照顾费用。医疗补助机构被称为剩余受益人（remainder beneficiary），有资格获得剩余信托资产。若要保留社会救助资格，信托文件中必须包含"补偿条款"，医疗补助机构将成为第一个剩余受益人，较其他剩余受益人而言具有优先顺位。医疗补助费用的补偿相对其他费用（如丧葬费）的支付具有优先性，但若受益人在世时使用信托资金预付丧葬费，则不受剩余受益人优先权的限制。有些人认为偿还医疗补助费用的要求是补偿信托的一个潜在的缺点。然而，受益人既能在有生之年获得医疗补助，又能通过信托提高自己的生活质量，只是在其死后才用剩余信托财产来减轻政府医疗补助计划的负担，这对双方来说都是公平有利的，且在多数情况下，剩余财产往往无法完全补偿政府的医疗补助费用。

2. 集合信托（pooled trust）

《美国法典》第 42 编第 1396p（d）（4）（C）条规定，集合信托的受托人必须为非营利组织，资产从不同委托人处汇集，信托财产相互隔离并且统一放在一个信托财产池中用于投资和管理，每个受益人都有一个单独的子账户。集合信托对受益人的年龄并没有明确的限制，它由受益人（如果他是具有完全行为能力的成年人)、父母、祖父母、法定监护人或法庭设立,由一个非营利性组织管理,每个子账户都被单独跟踪,而资金则集中用于投资。如果信托资金来源于受益人的自有资产,那么剩余的信托资金必须首先用于补偿国家为受益人支付的医疗补助费用,而剩余部分则可根据共同协议分配,除非约定剩余信托资金由信托保留。在造福有残疾的其他个人贫困者的情况下,剩余资产没有必要补偿给国家。如果信托资金来源于第三方的财产,同样不存在"补偿"国家的要求,受益人死亡后,剩余资金将分配给共同协议指定的受益人。集合信托的优点为:①设立手续便捷,由于集合信托实体已经存在,开立账户时只需要填写一份共同协议;②残疾人个人账户独立,不会发生财产混同;③受托人专业管理和服务的费用微薄。当家庭找不到合适的受托人且考虑到银行信托费用昂贵或者家庭希望将受益人去世后剩余的信托资金交给其他残疾人而不是补偿给国家时,集合信托将是一个不错的选择。

3. 第三方特殊需要信托(third-party special needs trust)

第三方特殊需要信托由残疾受益人以外的其他人的资产创建和资助。它们通常由残疾人的家庭成员创建,并指定残疾人为受益人,对受益人的年龄没有要求。它们可以通过生前转让(生前信托)或死后遗嘱文件(遗嘱信托)的方式设立。只要受益人无权撤销信托,或者无权命令受托人将信托资产用于受益人自身的生活支撑和维持, 信托资金就不会被认为是属于符合医疗救助制度和社会安全补助金制度规定的"可计量"的财产, 福利资格便得以保留。残疾人死亡后, 受益人可以通过遗嘱、信托协议行使指定的权利, 将剩余财产转移给自己指定的人。第三方特殊需要信托的优点是显而易见的, 由于信托财产并非源于受益人, 因此在受益人死亡后, 剩余财产无须补偿医疗补助费用或捐赠给其他残疾人, 剩余财产可以按受益人的意愿处分。另外, 第三方特殊需要信托的设立不受受益人年龄的限制。

　　上述三种模式的选择可视具体情形而定。如果要为已知残疾的人(如阿尔茨海默病或精神分裂症)保留现有或未来的福利资格并提高生活质量而创立一种信托设计, 那么第三方特殊需要信托是一个富有吸引力的选择。在难以负担受托人高昂的费用或苦于选择合适的受托人的情况下, 则可以采用集合信托。如果一个家庭更愿意用信托资金帮助其他残疾人而不是补偿国家, 那么他们也可以选择集合信托。倘若未能预先做出遗产规划, 那么在财产授予人死亡而残疾受益人有权获得遗产时, 唯一恰当的选择是运用补偿信托来保留残疾受益人的福利资格。此外, 补偿信托存在年龄限制, 如果受益人的年龄在 65 岁及以上, 那么就不能设立补偿信托。

五、我国特殊服务信托的经验及现状

香港特殊需要信托

1. 业务模式

香港于 2018 年 12 月 28 日成立特殊需要信托办事处，由社会福利署署长法团担任特殊需要信托的受托人，提供信托服务，在家长离世后，由其指定的个人或机构照顾者负责执行相关的照顾计划。

2. 申请资格

（1）委托人

委托人为有特殊需求人士的家长、兄弟姐妹或亲属，年龄在 18 岁及以上，签订信托契约时并非未解除破产的中国香港永久性居民。

（2）受益人

受益人为智力障碍者（包括唐氏综合征）、精神紊乱或孤独症人士，符合申请社会福利署（社署）资助康复服务资格或教育局的特殊学校收生资格，为中国香港永久性居民并长期居住于香港。

（3）照顾者

由委托人在意向书内指定的个人或机构担任照顾者并负责执行照顾计划。委托人在委任照顾者时，应确保照顾者有意愿及能力担任有关角色，并能保护受益人的利益。

3. 服务流程

委托人生前与受托人签订信托契约，约定受益人的照顾计划，并指定照顾者。委托人去世后，信托户口启动，受托人按照约定对户口进行管理。

（1）设立信托

委托人与受托人商议受益人的长远照顾计划、相关预算开支，指定受益人的个人或机构照顾者等。委托人须在一名律师的见证下签订信托契约，并附上意向书及受益人的照顾计划，订明日后受益人每年的照顾项目、开支，以及日后担任受益人照顾者的个人或机构。开立信托户口时，委托人须把一笔指定金额的款项转账给受托人（即首次注资），该金额（以较高者为准）须不少于：①持续执行照顾计划12个月的预计开支＋当时首年信托收费；②12个月监护委员会订定的每月生活开支上限＋当时首年信托收费。

信托户口启动前，受托人不会就首次注资的款项收取任何管理费用，也不会以首次注资的款项进行投资，而是将该笔款项作为储蓄存款。

如受益人的状况发生变化,委托人可修订或更新意向书、照顾计划及预算开支,所有的修订、更新均应以协议书的形式作出。此外,若委托人需要修改遗嘱内容,则必须及时通知受托人,并附上最新的遗嘱副本存档。

信托契约一旦生效,信托便不能撤销。除非信托户口启动前(委托人仍在世),受益人已离世或已移民外地以致受托人认为受益人不再长期居住在香港。在这种情况下,受托人将把首次注资金额归还于委托人。

(2) 启动信托户口

当收到委托人已离世的通知,受托人会启动信托户口。委托人离世后,受托人可收取任何人存入信托户口的其他款项,这些款项会被视作捐赠。捐款人须在作出捐赠时签署确认书,确认不可更改经由委托人和受托人双方同意的受益人照顾计划。每笔注入的资金不少于监护委员会订定的6个月生活开支上限。

(3) 管理信托户口

受托人按信托契约及意向书内的指示,向委托人指定的照顾者发放款项,并定期检视照顾计划的执行情况。照顾者执行为受益人制定的照顾计划,将受托人发放的款项用于受益人的日常生活、照顾和发展。

若发生下列事件,受托人有权解除照顾者的职务,并委任另一名照顾者以作取代：

①照顾者离世、破产或入狱；

②照顾者辞任或拒绝执行职务；

③照顾者移居外地或惯常地失去联络；

④照顾者的健康／能力有改变，令他／她／机构不适合继续担当照顾者；

⑤照顾者对受益人疏于照顾或有虐待行为，包括身体的虐待、侵吞财产或精神虐待；

⑥根据法院命令的指示；

⑦其他情况。

在有关情况下，受托人相信解除照顾者的职务符合受益人的最佳利益。

（4）终止信托户口

当发生以下事项时，信托户口终止：

①受托人收到照顾者或其他人士通知受益人已离世；

②信托户口内的资金已用完；

③法院命令终止有关的信托户口；

④受益人不再通常居住于香港；

⑤受托人无法履行将信托提供的资金用于受益人的福利或利益的职责。

4. 受托人的自由裁量权

香港的特殊需要信托赋予受托人对于信托的支出安排和照顾者的委任具有一定的自由量裁权，以保证信托顺利运行，使受益人得到较好的照顾。

（1）安排信托支出

信托设立后，受托人会定期检视受益人的财务需要。在进行检视时，受托人除了考虑委托人的意向书及照顾计划外，也会考虑与受益人长远利益相关的因素，包括受益人健康状况的转变、生活需要的转变，以及通胀等因素，进而调整照顾计划及每月开支，尽管有关调整可能会缩短照顾计划的年限。在信托户口启动前，受托人可按综合消费物价指数或受托人认为合适的相关指数，要求委托人增加注资的金额。信托户口启动后，受托人在管理信托时如认为偏离委托人意愿的做法是符合受益人的最佳利益的，则无须受到意向书或照顾计划的约束。就通胀的因素而言，受托人可按综合消费物价指数或受托人认为合适的相关指数调整照顾计划的每月开支。

（2）委任照顾者

倘若由委托人在意向书内列明的照顾者被认为不适合担任有关工作，受托人有权酌情决定在符合受益人的最佳利益下委任另一名不在意向书内列的照顾者。

5. 遗产追加

设立信托时，委托人必须同步通过律师订立遗嘱，指明于离世后将资金转移至特殊需要信托的安排，以及由遗嘱执行人负责执行有关事项。遗嘱副本须交由受托人存档。

信托户口启动后，委托人的遗嘱执行人须将委托人的遗产（包括按照委托人的遗嘱出售有关资产所得的现金款项及遗嘱内指示的其他金额）再次存入信托户口（进一步注资）。

6. 财产不足时的处理方式

若信托户口内的资金已用完，受托人会根据受益人的实际情况及需要，转介受益人接受适合的福利服务。

7. 经验总结

香港的特殊需要信托采用生前设立信托、身后启动信托的方式，解决特殊需求人士在家人去世后的照料和财产管理问题。通过对接遗嘱，实现委托人财产的身后追加，这样委托人在生前仅需交付最低额度的资金即可设立信托，有效地减轻了委托人生前交付资金的压力。特殊需要信托赋予受托人一定的自由裁量权，可根据实际情况调整支出安排，以及更换照顾者，从而实现对特殊需求人士未来生活的全面规划和保障。

但是由于信托户口只有在委托人去世后才会启动，考虑到委托人在去世前可能会存在一个可短可长的无力照顾受益人的失能失智阶段,而此时委托人通过特殊需要信托委任的照顾者尚未开始履行照顾责任,这将导致对受益人的照料存在一定的空白期,其生活可能会面临困难。这是我们设计特殊需要信托时应注意考虑的问题。

内地特殊需要服务信托的发展现状

特殊需要服务信托在内地刚刚起步,目前仅有少数信托公司关注这一业务领域,并参与特殊需要信托的研究和实践。

2019 年,万向信托借鉴日本监护支援信托,结合中国国情和法律制度,推出具有中国特色的监护支援信托服务,落地了全国首单监护支援信托(见图 4-4)。联合杭州市国立公证处和上海市普陀公证处(顾问单位),万向信托将信托制度与监护制度紧密

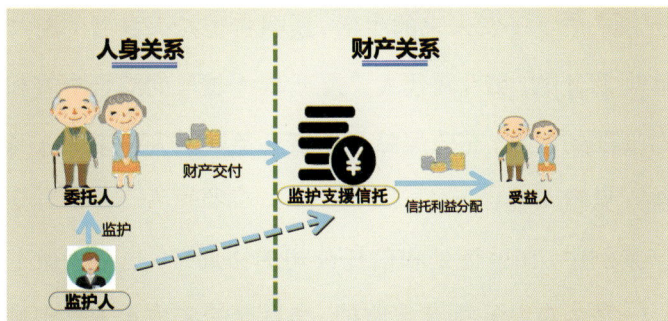

图 4-4 万向信托监护支援信托交易结构

结合，首次在现实服务层面实现"信托制度＋监护制度"的创新
融合，帮助当事人规划自己和家人的晚年生活，满足当事人老有
所养、老有所终的现实需求。

具体而言，主要涉及两个方面：在人身关系的安排上，当事
人在公证处和万向信托的协助下，与当事人信任的人建立监护关
系；在财产安排上，当事人作为委托人，将资金交付进信托，并指
定自己（包括配偶）作为信托的受益人。未来如果当事人发生失
能失智的情况，那么监护人将履行监护的权利和义务，同时，信托
受托人也将根据合同约定的方式将信托利益分配给受益人，充分
保障当事人的晚年生活。

2020 年，万向信托联合上海市普陀公证处将信托制度与监护
制度进一步融合，同时结合遗嘱，成功落地全国首单复合型监护
支援信托。该案例通过创新复合模式，帮助当事人规划自己的养
老生活和未成年子女未来的生活。遗嘱将委托人身后的财产也纳
入整体规划之中，实现两代人"人＋事＋钱"的综合对接和家庭
全生命周期的覆盖，充分保障了当事人及其家人未来的人身和财
产权益（见图 4-5）。

该案例中，在公证处和信托公司的协助下，当事人做了如下
安排：一是为自己安排意定监护，为自己的未成年子女安排委托
监护；二是作为委托人设立监护支援信托，指定自己和子女作为

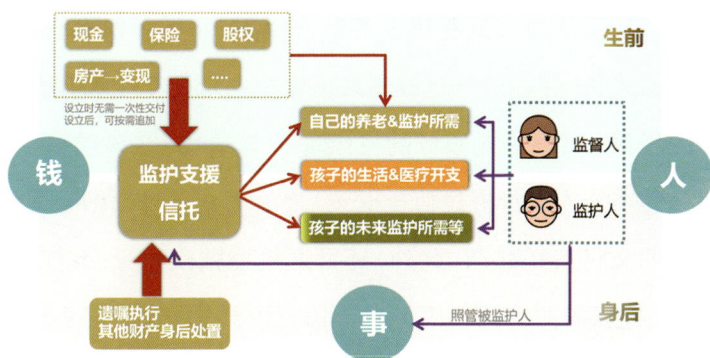

图 4-5　万向信托复合型监护支援信托示意

信托受益人，并对未来信托分配进行了较为详细的规划；三是通过订立遗嘱，打通身后财产，特别是非现金类财产追加交付信托的通道。未来如果当事人发生失能失智的情况，那么监护人会立即履行对当事人及其子女的监护职责，并且信托受托人会按照约定向受益人分配信托利益，以保证当事人及其子女都能得到好的照料，维持家庭的稳定。如果当事人去世，那么其遗产可依据遗嘱交付进信托，继续用于支持子女的生活。在整个解决方案中，信托既是各类人身关系的核心枢纽，也是各类财产的重要载体。通过合理规划，保障当事人及其子女的生活品质，同时降低监护人的财产管理负担和风险，实现财产隔离、保值增值、养老规划、子女成长、财富代际传承等多重目标。这体现出信托制度的独特优势。

2021 年，万向信托落地一单"星语系列"特殊需要信托，旨在为有特殊需求的家庭提供人身财产规划，将钱转换成服务，陪伴孩子的成长，并在这一过程中顺应家庭需求的变化和社会专业服务的发展，实现信托服务的持续完善与迭代。在该项目中，万向信托为委托人先行搭建信托框架，之后委托人可根据家庭实际需求分期交付信托财产，此外，还可通过遗嘱实现身后财产的追加交付。特殊需要信托不仅能发挥信托财产独立性、安全性和长期管理优势，还将进一步对接地方社会监护组织和第三方服务平台，由其协助安排或提供监护、评估、陪伴等个性化服务，尽可能让孩子拥有平安喜乐、顺遂无忧的品质人生。"星语系列"特殊需要信托适用于希望提前为孩子未来生活或自身养老做财产和人身规划，以及希望看到信托运行，并亲身参与服务对接的有特殊需求的家庭，特别是有家庭财产留存但以不动产为主、现阶段可用资金不多的家庭。

六、特殊需要服务信托的发展难点和建议

特殊需要服务信托的发展难点

1. 信托财产缺少兜底

特殊需求家庭成员照料特殊需求人士会耗费大量的时间和

精力，因而无法全身心投入工作中，从而影响家庭收入水平。而特殊需求群体在得到适当照料的情况下能够生存的年限可以很长。特殊需要信托鉴于其信托目的和服务群体的特殊性，在信托财产的投资管理上会采取较为保守的策略，财产的增值空间有限。

基于以上种种原因，特殊需要信托委托人交付进信托的财产是否足以支持受益人过完一生，有巨大的不确定因素。一旦信托财产耗尽，受益人的生活就会陷入极大的困境，只能依靠社会和政府的救济。但这些救济能否申请下来并及时给到受益人也是难以预估和控制的。目前，政府部门对于特殊需求群体尚无明确的救济政策，特殊需要信托缺少必要的兜底，对于经济条件不太优渥的家庭而言，受益人未来的人生也难以获得足够的保障。

2. 社会监护组织稀缺

特殊需求家庭为特殊需求人士制订的人身事务方面的规划，需要找到适合的人来作为其未来的监护人。监护人肩负着管理特殊需求人士的各类人身事务、选择和对接各类服务机构，甚至直接照料其生活起居的责任。特殊需求家庭通常会优先在自己的亲朋好友和熟人圈子中寻找值得信赖的人作为监护人，但是并非每个家庭都能找到合适的人选，即便找到合适人选，对方也未必愿意接受这样的委托。因此，需要专业的服务机构来为这些家庭提供监护服务，而这类机构就是社会监护组织。社会监护组织是特殊需求群体服务生态链上不可或缺的一环，若监护人缺位，那么特殊需要信托分配给受益人的信托利益便无法真正用于受益人。目前，中国专门以担任监护人为主要业务的服务机构寥寥无几，相关机构的经营模式仍在不断探索之中，需要进一步支持和引导更多社会资源投入，鼓励创新，从而推动社会监护组织发展壮大。

3. 服务机构供应缺乏

服务机构是特殊需求家庭的特定服务提供者。目前，市场上面向特殊需求群体的服务供应仍然无法满足庞大的需求。依据特殊需要信托的规划，需要在特定阶段为受益人配套特定的服务，例如托养，如果届时无法对接到合适的机构以合适的价格来提供相应的服务，就会给信托的运行带来一定的影响，信托运行的效果也会大打折扣。此外，由于服务机构数量和规模尚且较小，目前也缺少对于这类机构的市场评价标准，机构的规范性难以得到保障。

4. 社会对信托功能认识不足

社会大众对于信托功能的认知仍停留在理财的层面，对于信托的本源功能和作为财产管理制度的优越性缺乏了解。特殊需求家庭相较于其他的群体而言对信托有着更为刚性的需求，但信托通常不是他们的第一选择。即使存在少部分接受过关于信托科普的特殊需求家庭，其距离充分理解并运用好信托也有很长一段路要走。如何让信托服务触达真正有需要的群体，或者让特殊需求群体能够更加容易地获取信托服务，是发展特殊需要信托亟待解决的问题。

特殊需要服务信托的发展建议

1. 明确特殊需要服务信托的法律地位

特殊需要信托服务于特殊群体，与其他营业信托具有一定的区别，这也是新加坡专门设立非营利机构从事这一业务的原因。信托作为能切实满足特殊需求家庭需求的模式，应当进一步明确其法律地位。建议通过立法的方式，对特殊需要信托进行界定，确定特殊需要信托作为服务特殊需求家庭的重要工具之一；同时加快制定特殊需要信托的业务标准并落实在法律法规中，让特殊需求家庭能够在市场中获得符合标准、运作规范的信托服务，也为各类福利政策和鼓励措施的出台提供抓手。

2. 加强社会公众对特殊需要服务信托的认知

目前，很多特殊需求家庭尚未认识到市场中存在特殊需要信托这一服务。建议信托公司加强信托文化建设，突破公众对信托是"高端理财"的固有认知，让社会大众真正了解信托的本源功能和制度优势。同时，还应当加强对相关专业机构和专业人士的信托知识普及，例如法律工作者、公证人员、社会服务机构从业

者，以及公益慈善领域的从业人员等。以专业机构和专业人士为
纽带，连通特殊需要信托服务的供给端和需求端，提升信托服务
的覆盖面与普及度。

3. 鼓励社会监护人和服务机构的设立

特殊需要服务信托在特殊人群服务链条之中，与配套服务体
系的搭建和完善环环相扣，缺乏配套服务，特殊需要服务信托便
难以运行。建议政府相关部门充当社会服务提供者的协调人、促
进者和监管者，加强社会基础设施建设，推动社会监护人和各类
服务机构的设立与服务体系的完善，搭建社会服务提供者网络，
增加社会在特殊需求服务方面的供给，形成围绕特殊需求群体的
"多方援助"的社会福利环境，切实解决特殊需求群体所面临的困
境，助力人民美好生活。

4. 发展关注特殊需求群体的慈善信托

特殊需要信托的发展离不开全社会对特殊需求群体的关注
和支持。慈善信托在整个特殊需要信托服务的生态圈中起着资金
稳定器的作用，一方面可以吸纳特殊需要信托的剩余资金，另一
方面可以对信托财产不足的受益人进行资助，在一收一放之间实
现爱的延续，将原本就存在于特殊需求家庭之间的相互理解和支
持具象化，在特殊需求群体内形成"人人为我，我为人人"的互
助氛围。

第五章

继承制度、遗嘱与遗嘱信托

去过美国纽约大都会艺术博物馆的人,都会对二楼的中国式古典庭院——明轩印象深刻。但要说起当初建造明轩的赞助人,很多人都会一脸茫然。它的赞助人就是美国的慈善女王,一位热爱中国文化的贵妇——布鲁克·阿斯特夫人。

阿斯特夫人的丈夫文森特·阿斯特是纽约房地产大鳄约翰·雅各布·阿斯特四世的儿子。约翰·雅各布·阿斯特四世花了 260 多英镑和夫人一起参加泰坦尼克号首航,结果双双罹难。文森特继承了父亲的大笔遗产,后于 1953 年和布鲁克结婚,并于 1959 年因病去世。阿斯特夫人继承了阿斯特家族的巨额遗产后,专心经营她的慈善事业。纽约大都会艺术博物馆二楼的明轩不过是阿斯特夫人 1000 多个捐助项目中的一个。钱,按照她的说法,就像"粪料",应该广泛"散播出去"(源于英国学者培根的名言"金钱如厩肥,铺开才有用")。1998 年,她还被授予总统自由奖章。

2007 年 8 月 13 日,阿斯特夫人在她自己的房子——纽约 Holly 山庄去世,享年 105 岁。然而在人生的最后几年,她疾病缠身,痴痴癫癫,陷入了阿尔茨海默病的灰暗世界里。她唯一的儿子安东尼·马歇尔是她的监护人,管理着她的事务。但是儿子对她事务的管理却被曝出丑闻。安东尼·马歇尔自己的儿子,也就是阿斯特夫人的孙子菲利普,指责父亲安东尼·马歇尔虐待奶奶阿斯特夫人,私吞奶奶的财产。安东尼·马歇尔控制着阿斯特夫人

4500万美元的财产,每年以护理者的名义支付给自己230万美元,却不愿在阿斯特夫人身上花1分钱。他辞退了法国厨师,削减了护士人数,把阿斯特夫人"关"在破旧荒废的住宅内。她的卧室冬天冰冷刺骨,睡椅肮脏破旧,散发出恶臭。安东尼·马歇尔还不准母亲与她最喜欢的两只狗见面。

法院停止了安东尼·马歇尔的监护人职责,指定纽约知名慈善活动家安妮特·德拉伦塔为新的监护人,负责阿斯特夫人的生活和健康,并指定某家银行作为财产监护人,负责她的财产管理。在阿斯特夫人最终离世时,遗产争夺战爆发,甚至连律师也被卷进丑闻的旋涡。

所以民间经常有句玩笑话:"穷人最大的烦恼只是没钱,而富人的烦恼可远不止于此。"还有一句话:"人的一生不能逃避的两件事,一个是死亡,一个是税收。"财富可以给人带来很多快乐,但若是生前没有对死后的财富做合理的安排,那么财富可能带来烦恼甚至灾难。因此,探讨与研究身后的财产规划与安排是非常重要的。本章从财富的被动传承,即法定继承出发,探讨遗嘱的相对灵活性,并探讨遗嘱信托的传承功能,即成为被继承人"从坟墓中伸出来的手"。

继承制度与遗嘱继承

中国古代并不存在现代意义上的继承制度，却有一套完全的分家析产制度。这可以被视为一种广泛的继承，现代意义上的继承制度也承继了这些传统价值。

古代社会中，分家析产并不一定是因为父亲死亡，其内容不仅包含父子间的财富转移，还可能包含社会身份地位的转移与承继。而现代意义上的继承则必须以被继承人的死亡作为前提，继承的内容不仅包含财产，而且包含债务，但却不包含社会身份地位。

假如一个人死亡，那么应该如何处理死者的财产？有哪些不同的处理方式呢？

第一，从法律上切断死者对他生前财产的权利，任由死者的财产被别人自由争抢。然而宣布死者的遗产为"无主物"，然后"任由人争抢"，绝不是财产规则，因此也无法成为社会规则。

第二，国家征收死者的财产，收归国有后由国家按照自己的目的分配。事实上，没有一个社会是由国家或政府来争夺人民死后的遗产，强行将其国有化，然后再对强制征收来的遗产进行再分配。但是，所有社会都允许一定程度的私人财产所有制，以及保证在死亡时有自由处分财产的权利。现实中，一些国家对死者遗产的请求权是以遗产税和继承税的形式表现的。

第三，法律可以强制规定遗产的处置，包括谁有权获得遗产、得到多大的份额等，这就是法定继承。继承的法律是规定谁有继承权的一套规则或法律。无遗嘱继承的法律因地域差异会有许多细节方面的差异，但无论在任何地方，其基本理论都是一致的：与死者的亲属关系越近，越能受到法定继承规则的优待。

第四，以死者的遗愿决定遗产分配，然后法律会对死者生前所做的赠与和安排加以保护。遗产处分自由可以说是当代法律的指导性原则。基本上，人们可以把自己的钱留给任何愿意赠与的对象，只有当人们没有通过遗嘱表达自己的选择时，法定继承规则才会派上用场，这是法律的根本原则。人们可以用很多复杂的方法把财富赠与子女，例如设立一个信托。

以上四点存在一种法治与自治平衡和自由递进的关系，遗嘱自由成为现代继承法的一个重要原则。

在中国古代社会，因为关注家族的延续和财产的代际传递，分家析产类似于今天的法定继承，个人在遗产安排上的自由度非常小。但是，在西方个人主义的影响下，同时随着工业社会的到来，遗嘱自由成为继承法的重要原则，自由成为现代继承法追求的价值。

所有权的本质是自由，而处分遗产的自由是所有权的应有之义。遗嘱继承的自由价值是遗嘱继承制度为满足遗嘱人自由安排遗产所做的回应。遗嘱自由是自治，但是这种自治不是绝对的。遗嘱既然作为社会制度与法律内容，那么其就不能完全基于立遗嘱人的自由意志，而是需要顾及一般社会道德准则和生者的利益，故应当对此施加一定的限制。

在当下的家庭与社会背景中，遗嘱制度相较于法定继承制度而言，在保护公民私有财产、尊重意思自治、适应多元财产结构、应对家庭功能变迁等诸多方面更具制度优势。尽管《继承法》已经对遗嘱优先于法定继承的适用原则予以了肯定，但是在现实中，遗嘱制度仍未获得足够的重视与广泛的应用。

一、遗嘱信托的含义及作用

《民法典》第一千一百三十三条规定："自然人可以依照本法规定立遗嘱处分个人财产，并可以指定遗嘱执行人。自然人可以立遗嘱将个人财产指定由法定继承人中的一人或者数人继承。自然人可以立遗嘱将个人财产赠与国家、集体或者法定继承人以外的组织、个人。自然人可以依法设立遗嘱信托。"

这是我国第一次在民法中明确了遗嘱信托的合法性，既是对遗嘱制度的突破，也是对信托制度的延伸，将对国内个人和家庭的财富传承产生深远影响。

遗嘱信托的含义

遗嘱信托是指通过遗嘱这种法律行为而设立的信托，也叫死后信托。委托人以立遗嘱的方式把财产交付进信托，就是所谓的遗嘱信托。也就是说，委托人在生前以立遗嘱的方式，将财产的规划内容，包括交付信托后财产的管理、分配、运用及给付等，详订于遗嘱中。待遗嘱生效时，再将信托财产转移给受托人，由受托人依据遗嘱的内容，按照委托人的意愿，为保护受益人的利益，管理和处分信托财产。与家族信托相比，遗嘱信托最大的特点在于遗嘱信托是在委托人去世后才生效的。遗嘱信托既可以由自然人作为受托人，也可以由信托公司作为受托人，本书重点讨论以信托公司作为受托人的遗嘱信托。

遗嘱信托的功能

订立遗嘱的过程本身是整理财产、形成财产清单的过程，有助于厘清财产的范围。同时，遗嘱作为财产分配的依据，能够明确财产分配，使遗产不必按照法定继承进行分配，从而实现定向传承,降低家庭成员内斗和纠纷的风险。但是由于依据遗嘱分配财产是一次性的,分配后财产的管理和使用不再受被继承人的掌控,因此,在很多情况下,难以满足被继承人的需求。

以心智障碍子女或未成年子女的遗产继承为例,遗产的继承人是无民事行为能力或限制民事行为能力的人,不具备支配和管理财产的能力,故所继承的财产极易受到他人的侵占。再如,对于附义务遗嘱,即立遗嘱人在遗嘱中对遗嘱受益人附加提出其接受遗产时必须履行某项义务的要求或指定遗产的具体用途。这类遗嘱在现实中具有较高的履行难度:首先是所附义务的履行与遗产接受行为的顺序问题,遗嘱受益人是应该先接受遗产还是先履行义务?如果遗嘱受益人已履行遗嘱所附义务,而立遗嘱人生前已处分遗产,那么遗嘱受益人应当如何救济?此外,如何监督和判断遗嘱受益人对遗嘱所附义务的履行情况?如果遗嘱所附的是一项长期的义务,遗嘱又应当如何执行?

上述问题在实际操作过程中都可能遇到,但是依据现有法律又无法得到有效的解决。在这种情况下,遗嘱信托更能满足被继承人的需求。遗嘱信托是遗嘱与信托两种传承工具的结合,作为遗嘱替代的一种,具有独特的功能,主要体现在三个方面。

一是实现遗产的长期管理。设立遗嘱信托,遗产所有人即委托人的财产进入信托,由信托的受托人对财产进行长期、专业化的管理，以防止继承人，即信托受益人因对遗产管理不当而造成损失。

二是实现遗产的使用规划。遗嘱信托可以对财产的分配进行提前规划，拉长财产的分配周期，能有效防止受益人因一次性获得大额财产而出现挥霍行为，使受益人在人生各个阶段的生活都能得到保障。同时，委托人还可以在财产分配上附加条件，只有当受益人符合条件时才能获得财产，从而实现委托人的特定目的。

三是扩大传承范围，实现财富永续传承。信托在确定受益人时，除了指定具体的受益人，也可以给出受益人的范围。这意味着信托设立时未出世的人也可以作为受益人，委托人的子孙都可以成为信托的受益人，子孙的子孙也可以成为信托的受益人。只要信托财产未用尽，财富就能在家族中实现永续传承。

遗嘱信托的法律基础

在《民法典》出台前，遗嘱信托的概念仅在《信托法》中有所提及，而《继承法》仅涉及遗嘱的相关规定，并未对遗嘱信托进行明确。《民法典》第一次在民法中明确了遗嘱信托的合法性，使遗嘱信托的法律基础得到进一步完善。

1.《继承法》

《民法典》出台前，遗嘱的法律效力在《继承法》中有所明确:"继承开始后,按照法定继承办理;有遗嘱的,按照遗嘱继承或者遗赠办理",并在第三章中,专门对遗嘱继承进行了详细规定。

《继承法》第十六条对遗嘱与遗赠进行了一般规定:公民可以依照本法规定立遗嘱处分个人财产,并可以指定遗嘱执行人。公民可以立遗嘱将个人财产指定由法定继承人的一人或者数人继承。公民可以立遗嘱将个人财产赠给国家、集体或者法定继承人以外的人。

《继承法》第二十条对遗嘱的撤销、变更进行了规定:遗嘱人可以撤销、变更自己所立的遗嘱。立有数份遗嘱,内容相抵触的,以最后的遗嘱为准。自书、代书、录音、口头遗嘱,不得撤销、变更公证遗嘱。

《继承法》第二十二条对遗嘱无效的情况进行了规定:无行为能力人或者限制行为能力人所立的遗嘱无效。遗嘱必须表示遗嘱人的真实意思,受胁迫、欺骗所立的遗嘱无效。伪造的遗嘱无效。遗嘱被篡改的,篡改的内容无效。

2.《民法典》

《民法典》第一千一百三十三条对遗嘱信托进行了明确的规定:自然人可以依照本法规定立遗嘱处分个人财产,并可以指定遗嘱执行人。自然人可以立遗嘱将个人财产指定由法定继承人中的一人或者数人继承。自然人可以立遗嘱将个人财产赠与国家、集体或者法定继承人以外的组织、个人。自然人可以依法设立遗嘱信托。

3.《信托法》

《信托法》第八条规定：设立信托，应当采取书面形式。书面形式包括信托合同、遗嘱或者法律、行政法规规定的其他书面文件等。采取信托合同形式设立信托的，信托合同签订时，信托成立。采取其他书面形式设立信托的，受托人承诺信托时，信托成立。

《信托法》第十三条规定：设立遗嘱信托，应当遵守继承法关于遗嘱的规定。遗嘱指定的人拒绝或者无能力担任受托人的，由受益人另行选任受托人；受益人为无民事行为能力人或者限制民事行为能力人的，依法由其监护人代行选任。遗嘱对选任受托人另有规定的，从其规定。

遗嘱信托的研究价值

改革开放40多年来，我国人民积累的财富不断增加，加之人口老龄化程度日益加深，财富传承的需求显著增加。同时，我国财产类型不断丰富，开始从资金向房产、股权、珠宝、艺术品、金融产品等多种类型拓展，财富的传承也较以往更为复杂。

遗嘱作为一种广为人知的财富传承工具，具有广泛的群众基础,能够解决相当一部分财富传承需求,但是对于复杂的需求,特别是涉及财产长期持续的管理和分配,仅仅依靠遗嘱很难完全实现遗嘱人的目的。例如,继承人暂时没有管理和使用财产的能力,因此可能出现财产被侵占、无法真正用于继承人等问题;此外,非现金类的财产,如房产、股权等,在继承的过程中也可能面临分割上的困难。在这些情况下,就需要配合信托工具来实现更好的传承效果。

《民法典》对遗嘱信托加以明确,说明遗嘱信托得到了更加广泛的社会关注。但目前国内遗嘱信托的发展尚处于起步阶段,相关的理论研究寥寥,实践的案例更是极少。究其原因,既有人们对这一工具认知的不足导致需求未被完全发掘的影响,也有法律制度方面的缺失造成实际操作过程中存在困难的影响。因此,遗嘱信托需要更多的研究和探讨。同时,遗嘱信托作为服务信托的一种,也是信托公司转型发展的重要方向。

二、国外遗嘱信托借鉴及国内遗嘱信托发展现状

遗嘱信托在英国、美国和日本都发展得较为成熟,其发展经验,特别是机构作为受托人的模式,值得我们借鉴。本部分分别

对英国、美国和日本的遗嘱信托发展进行探究，并梳理当前国内遗嘱信托的发展现状。

英国遗嘱信托发展

信托在英国使用普遍，涉及社会生活的各个领域。在过去的数个世纪中，遗嘱信托是唯一得到承认的私人信托，生前信托反而是相对较晚才出现的形式。在现代，遗嘱信托在富有阶层的适用较为典型。富人选择遗嘱信托作为身后财产的规划方式，需求对象一般分为三种：第一种类似"托孤"，对遗产管理及配置有专业管理需求的人，由于继承人年幼、年长或其他情况导致无法亲自打理财产而规定的遗产运作方式；第二种是对继承人不够放心的人（如希尔顿酒店创始人康拉德·希尔顿），希望通过第三方的财产管理，更好地延续遗产；第三种是出于避免家族争产，并希望妥善照顾遗嘱目的的人。

虽然遗嘱信托制度最初是为了规避《没收法》中向教会遗赠财产的限制而产生的，但在现代，最初的规避事由已不复存在，且遗嘱信托制度的内在优势早已得到英国公众的普遍认可，遗嘱信托制度非但没有随着规避事由的消失而消失，反而在继承领域得到了更加广泛的应用。近几年来，随着英国商事信托的不断发展，遗嘱信托所占比重有所下降，但其整体占比依然远远高于商事信托。经过几百年的实践与发展，英国的遗嘱制度在各个方面都发展得比较完备，不仅有大量丰富而又翔实的司法判例，而且有关信托各个方面的专门立法也相当完善。仅受托人方面的专门立法，英国就先后颁布了六次，详细地规定了受托人的义务与权利，很好地促进了英国信托各项业务的发展。所以，相对其他国家来说，英国遗嘱信托的地位是无人能比的，其相关制度也是比较全面与完善的。

美国遗嘱信托发展

美国是世界上商业信托最为发达的国家，但民事信托并未因此而受到忽视。遗嘱信托是人们在理财与遗产规划中所选择的最为主要的形式。美国的一些名门望族，如肯尼迪、洛克菲勒等家族的家产多是以遗嘱信托的形式保持其长久的传承。因为美国对遗产继承普遍征收高额税金，其遗产税率最高可达到 55%，并且立法又对单个主体一生之赠与或是继承免税总额限定为 67.5 万美元，所以设立遗嘱信托就成为美国人财产规划（或遗产规划）中特别重要的一环，是一种重要的理财方式。同时出于美国本身在文化制度方面的原因，事先做好财产分配的规划被美国人视为自己生前的责任与义务。美国家庭与个人的财产从理财规划、合理节税到整体分配与继承，一般都交由专业人士进行规划制定，遗嘱信托因其独特的制度设计成为人们的最佳选择。美国的信托制度并不是对英国信托制度的简单移植，其一方面汲取了传统信托制度之民事信托的基本形式，即公民个人之间以信任为基础、以无偿为原则的非营利信托；另一方面又不拘泥于传统并进一步拓展了信托制度之功能优势，对信托功能之财产管理功能的发掘最为突出，以专业公司的形式（主要是商业银行）取代个人进行相关的金融投资，实现信托财产保值增值。因此，相比世界上的其他国家，美国信托业结构称得上是最为完整的，信托制度的功能优势也得到了最大限度地发挥，遗嘱信托也非常发达。

日本遗嘱信托发展

在日本，信托法、信托业法及金融机构兼营信托业务法等构成了信托业发展的重要法制根基。以前受制于传统观念，遗嘱信托较为少见。因为早先时候，人们立遗嘱的意识相当淡薄。加之日本人家庭观念很强，如出现父亲去世并留下一定财产给幼小子女的情形，按照习惯，本家族中最有才干的亲戚会负责照看，一般不会将财产委托他人代管。

近年来，日本遗嘱信托却呈现蓬勃发展之势，这一方面得益于遗嘱观念的发展：近些年来，日本民众愈发重视生前遗嘱的订立。据日本《产经新闻》报道，负责遗嘱制作和保管等事务的公证机关近年接到的委托数量直线上升。为了帮助人们制订出合法有效的遗嘱，日本市面上甚至还出现了专门的指导书籍和"遗嘱软件"。日本公证人联合会称，1988 年，公证部门接受委托人申请制作的公证书遗嘱数量为 40935 件，至 2009 年则达到了 77878 件。同时，信托银行接受的遗嘱保管和执行业务也在逐年递增，1994—2009 年，遗嘱委托业务从 17533 件猛增至 68911 件，翻了约 4 倍。

另一方面，随着社会经济的发展与变化，生前遗嘱代用信托得到了长足的发展。该信托是委托人设定自己生前是受益人，而在其死后由他人（妻子、孩子等）成为受益人的制度设计。由于它不像遗嘱信托那样有着严格的设定形式要求，加之日本老龄化社会的到来、国民资产的形成发展以及对继承人进行平均分配继承主张的出现，使得社会环境发生了变化，生前遗嘱代用信托近年来在日本以平均每年 10% 的增速大幅攀升。在生前遗嘱代用信托的发展影响之下，"日本的遗嘱信托得到了发展，从而一改原来遗嘱信托其实就是遗嘱执行性信托的面貌，揭开了日本自己真正的遗嘱信托的一页"。

遗嘱和生前遗嘱代用信托的发展，连带提升了遗嘱信托的利用与发展。在 1999 年，日本遗嘱信托约为 2 万件，而在 2004 年，遗嘱信托已增加至近 4 万件。目前,除了法律上狭义的遗嘱信托,日本已经形成了广义上的遗嘱信托的产业链,涵盖了信托从业者所从事的遗嘱制作、保管、执行及担任遗嘱信托之受托人等遗嘱信托的相关业务。日本的信托从业者除了经营遗嘱信托业务之外,通常也会从事遗产整理业务,包括制作遗产清册、遗产分割法律咨询、代为缴税、规划遗产运用及制作遗产管理报告等。

我国遗嘱信托的发展

目前,国内遗嘱信托的实践案例较少,以机构作为受托人的案例更是少之又少。信托行业中,仅有少数公司试水遗嘱信托,下面主要介绍万向信托的实践案例。

2020 年 1 月,万向信托落地全国首单委托人身故后,依据遗嘱而设立的遗嘱家族信托。委托人由于病重,生前来不及设立家族信托,于是立下遗嘱,希望过世后设立家族信托,并将部分财产交付至家族信托,受益人包含部分法定继承人及其后代,全权委托受托人管理,以实现财产的保值增值,保障配偶及其子孙后代的生活,由受托人按遗嘱的指示定期向其配偶、子女以及孙子女支付生活费、养老费、教育费、丧葬费等,同时设置监察人监督其子女不得挥霍,监督其孙子女未来对长辈尽孝。公证处负责履行公证程序,确认遗嘱效力,同时其他家人被指定为遗产管理人和遗产执行人。

委托人过世后，在遗产管理人和受托人的共同努力下，法定继承人同意放弃遗产继承，并由遗产执行人交付信托财产，推动该信托生效运行。

三、遗嘱信托的设立、生效分析及应用案例

目前来看，遗嘱信托的模式大体上可分为两种：一种是直接通过订立遗嘱的方式设立信托，这也是符合《信托法》表述的遗嘱信托模式，简称"遗嘱 + 信托"模式；另一种是生前先设立一个信托，委托人去世后再通过遗嘱将遗产纳入生前信托中，这一模式可视为第一种模式的拓展和延伸，简称"信托 + 遗嘱"模式。事实上，就业务开展的要点和难点而言，第一种模式（"遗嘱 + 信托"模式）更普遍，并且操作难度更大，因此，我们接下来主要讨论第一种模式，兼论第二种模式。

遗嘱信托的生效条件

1. 遗嘱的有效条件

设立遗嘱信托，首先应保证遗嘱的有效性。根据《民法典》

的有关规定，一份有效的遗嘱应该同时具备真实性、合法性和唯一性。

（1）真实性

《民法典》第一千一百四十三条规定，无民事行为能力人或者限制民事行为能力人所立的遗嘱无效。遗嘱必须表示遗嘱人的真实意思，受欺诈、胁迫所立的遗嘱无效；伪造的遗嘱无效；遗嘱被篡改的，篡改的内容无效。也就是说，遗嘱所表达的必须是遗嘱人的真实意愿，这是遗嘱有效的首要条件。在实践中，遗嘱的真实性极有可能受到继承人及利益相关人的挑战，这些挑战将成为影响遗嘱信托生效的不确定性因素，如何采用有效的手段来判断遗嘱的真实性仍然是一个难点。

（2）合法性

订立遗嘱需要采取合法的形式，经过合法的程序。《民法典》第一千一百三十四条至一千一百四十条规定了遗嘱可采用的形式，包括自书遗嘱、代书遗嘱、打印遗嘱、录音录像遗嘱、口头遗嘱、公证遗嘱等。不同形式的遗嘱在订立时有相应的要求。代书遗嘱、打印遗嘱、录音录像遗嘱和口头遗嘱在订立时应有两个以上见证人在场并在遗嘱中签字或在录音录像中记录姓名或肖像以及年、月、日。见证人不能是无民事行为能力人、限制民事行为能力人以及其他不具有见证能力的人，同时也不能是继承人、受遗赠人，以及与继承人和受遗赠人有利害关系的人。口头遗嘱仅在遗嘱人处于危急情况下有效，危急情况解除后，口头遗嘱则不再有效。公证遗嘱需要由遗嘱人经公证机构办理。

（3）唯一性

遗嘱应该具有唯一性，即对于同一份财产的处置应该有唯一的方式。《民法典》第一千一百四十二条规定，立有数份遗嘱，内容相抵触的，以最后的遗嘱为准。值得注意的是，在《民法典》出台前，《继承法》第二十条规定，自书、代书、录音、口头遗嘱，不得撤销、变更公证遗嘱，也就是说公证遗嘱的法律效力优先于其他形式的遗嘱。而《民法典》中不再有相关的表述，这就意味着各种形式的遗嘱具有同等的法律效力。这一改动有利于确保实质遗愿的落实和公民的意思自治，使遗嘱人临终愿望得到更大的尊重，但在实践中也为遗嘱的执行带来了一定的操作难度和不确定性——即使拿到的是一份真实、合法的遗嘱，它也未必是有效的，因为可能出现另一份同样真实、有效但订立时间更晚的遗嘱。

2. 信托的生效条件

遗嘱信托还需要满足信托的生效条件，归结起来为以下几点：委托人具有完全民事行为能力、受托人承诺信托、订立信托的遗嘱为书面遗嘱，以及不存在信托无效的情形。

（1）委托人具有完全民事行为能力

委托人应当是具有完全民事行为能力的自然人、法人或者依法成立的其他组织。直观上理解，遗嘱人注定无法作为遗嘱信托的委托人，因为只有在遗嘱人去世后，遗嘱才会被执行，信托也才会成立。一个去世的人显然不是具有完全民事行为能力的人，除非采用生前遗嘱代用信托的方式，在生前先设立好信托，再在身后将遗产追加进信托中。在这种方式下，信托的生效与一般的信托生效并无区别，因此这种方式不是我们讨论的重点。对于标准的遗嘱信托，笔者认为可以理解为委托人在订立遗嘱时具有完全民事行为能力，即算作委托人具有完全民事行为能力，因为遗嘱信托不像普通信托能通过委托人和受托人双方共同订立合同的方式来建立信托关系，而是单方法律行为。因此，遗嘱人在订立遗嘱的时候，即已作为信托的委托人。在实践中，如果对已经去世的遗嘱人作为委托人的合法性仍有疑虑，也可以采用另一种替代方式——以遗产管理人作为委托人。遗产管理人在遗嘱执行过程中取得遗产的所有权，故可以作为委托人，与受托人按照遗嘱的内容订立信托合同，交付信托财产，并指定遗嘱约定的人作为信托受益人。这一方式既可以回避委托人的合法性问题，又能够保证信托按照遗嘱人的意愿进行管理和运行，具有较高的可操作性。

（2）受托人承诺

《信托法》第八条规定：设立信托，应当采取书面形式。书面形式包括信托合同、遗嘱或者法律、行政法规规定的其他书面文件等。采取信托合同形式设立信托的，信托合同签订时，信托成立。采取其他书面形式设立信托的，受托人承诺信托时，信托成立。这里的"承诺"应当如何理解？《民法典》合同编中的第四百七十一条规定：当事人订立合同，可以采取要约、承诺方式或者其他方式；第四百八十条规定，承诺应当以通知的方式做出；但是，根据交易习惯或者要约表明可以通过行为作出承诺的除外。那么，《信托法》中的"承诺"是否与《民法典》合同编中的"承诺"具有同样的效力和同样的表现形式呢？此外，受托人承诺信托后，能否再行拒绝呢？

笔者认为，遗嘱信托的承诺应当比《民法典》合同编中的"承诺"更为严格，受托人的承诺必须以书面形式通知。考虑到遗嘱人已经去世，通知的对象应为遗嘱执行人，或其他承担遗嘱执行责任的人。根据《信托法》第十三条，作为遗嘱指定的受托人可以拒绝担任受托人，但是为了维护遗嘱信托的效力和委托人的权益，受托人一旦做出承诺，除非出现《信托法》第十一条规定的信托无效的情况，否则不得再行拒绝。

（3）书面形式

《信托法》第八条规定，设立信托，应当采取书面形式。书面形式包括信托合同、遗嘱或者法律、行政法规规定的其他书面文件等。因此，遗嘱信托应当采取书面形式，包括自书遗嘱、代书遗嘱、打印遗嘱和公证遗嘱，而录音录像遗嘱与口头遗嘱则不能用于遗嘱信托。

（4）不存在信托无效情形

《信托法》第十一条规定，有下列情形之一的，信托无效：（一）信托目的违反法律、行政法规或者损害社会公共利益；（二）信托财产不能确定；（三）委托人以非法财产或者本法规定不得设立信托的财产设立信托；（四）专以诉讼或者讨债为目的设立信托；（五）受益人或者受益人范围不能确定；（六）法律、行政法规规定的其他情形。遗嘱信托若要生效，则不能出现上述情形。

首先，要明确信托的意图。信托目的必须合法，不能违反法律、行政法规或者损害社会公共利益。信托目的内容应具有确定性和可执行性。虽然相关法律及实际判例中均未要求在法律文件中明示"信托"二字，设立信托的文件内容亦无须采用专业术语，只需经合理解释能够查明委托人具有设立信托的意图即可，但如果遗嘱人意图不明，则其遗嘱信托目的可能无法实现。

其次，应明确信托财产的范围。根据中国法律，遗嘱信托财产应当包括三类：动产、不动产和财产性权利。设立遗嘱信托，其财产必须是委托人合法所有的现存且确定的财产，财产权属必须明确且不能存在瑕疵或限制。委托人需区分个人财产和夫妻共同财产，剔除夫妻共有部分中属于配偶的财产及家族企业中的财产。拾得物、盗窃物以及因不当得利或无因管理取得的财产和权利均不可以成为遗嘱信托财产。

最后，应明确受益人或受益人的范围。设立遗嘱信托，应当明确指出受益人或者受益人的范围，避免表述上的模糊或歧义导致受益人或者受益人的范围无法确定。

此外，值得注意的是，遗嘱人如果生前涉及债务纠纷，其所设立的遗嘱信托损害其债权人利益的，并不会直接导致信托无效。根据《信托法》第十二条的规定，委托人设立信托损害其债权人利益的，债权人有权申请人民法院撤销该信托。人民法院依照前款规定撤销信托的，不影响善意受益人已经取得的信托利益。本条第一款规定的申请权，自债权人知道或者应当知道撤销原因之日起一年内不行使的，归于消灭。这一规定在一定程度上为遗嘱信托及其善意受益人提供了保护。

遗嘱信托的设立

遗嘱信托的生效需要同时满足遗嘱的生效条件和信托的生

效条件。在满足遗嘱信托生效条件的前提下，我们给出遗嘱信托设立路径（见图 5-1）。

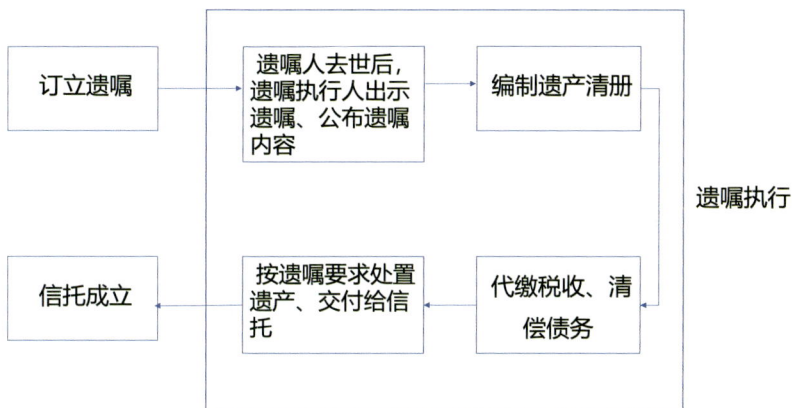

图 5-1　遗嘱信托设立路径

1. 订立遗嘱

遗嘱人生前以书面形式订立的遗嘱信托。遗嘱应明确以哪些财产设立信托，设立信托的财产应为确定的并且是遗嘱人的合法所有，同时还应明确信托目的、受托人和受益人或受益人的范围。这是有效的遗嘱应当具备的内容。

一个较为完善的遗嘱应该进一步明确以下几个方面：一是信托利益分配的规则。遗嘱人之所以选择通过遗嘱信托而不是遗嘱来分配遗产，通常是因为不希望遗产被一次性分配掉，而是在身后保留对财产的掌控,受益人取得财产一般是分批次或者附条件的。因此,遗嘱中应当明确信托按照什么样的方式和频率向受益人分配信托利益,或者在何种条件下向受益人分配信托利益。二是受益人的受益份额。在有多个受益人的情况下,如果不约定受益人的受益份额,则会默认为每个受益人享有同等比例的份额。因此,如果遗嘱人不希望将财产平均分给各个受益人,则需要明确每个受益人的受益份额。三是信托财产的管理方式。正因为财产不是一次性全部给受益人,而是进入信托账户后逐步分配给受益人,因此,在信托存续的过程中会涉及财产的管理,遗嘱人可以选择全权委托的方式将财产全部交由受托人来负责,也可以生前在遗嘱中约定财产的投资范围和管理方式。

2. 遗嘱执行

(1) 确定遗嘱执行人

遗嘱人去世后,遗嘱进入执行阶段。执行遗嘱首先需要明确遗嘱执行人。遗嘱执行人是实现遗嘱内容的人。根据《民法典》第一千一百四十五条,遗嘱执行人为遗产管理人。遗嘱中有指定遗嘱执行人的,由遗嘱指定的人作为遗嘱执行人。如果遗嘱没有指定遗嘱执行人或遗嘱指定的遗嘱执行人拒绝担任遗嘱执行人,则应由继承人推选遗产管理人,继承人未推选的,由继承人共同担任遗产管理人。遗产管理人的职责包括:清理遗产并制作遗产清单；向继承人报告遗产情况；采取必要措施防止遗产毁损、灭失；处理被继承人的债权债务；按照遗嘱或者依照法律规定分割遗产；实施和管理与遗产有关的其他必要行为。

（2）公布遗嘱

遗嘱执行人召集继承人、受遗赠人、信托受益人等利害关系人，在确定遗嘱信托文件的唯一性后，出示遗嘱，并向有关人员公布遗嘱内容。《民法典》第一千一百二十四条规定，继承开始后，继承人放弃继承的，应当在遗产处理前，以书面形式作出放弃继承的表示；没有表示的，视为接受继承。同时，《信托法》第四十六条规定，受益人可以放弃信托受益权。因此，对于遗嘱信托而言，遗嘱指定的信托受益人也可以放弃信托受益权，但是应当在遗产处理前以书面形式作出放弃信托受益权的表示，没有表示的，视为接受信托受益权。

（3）编制遗产清册

遗嘱人死亡后，遗嘱执行人应及时收集遗产，并告知遗产保管人：不得在遗嘱执行人执行遗嘱方案前，未经遗嘱执行人同意便将遗产转卖，或在遗产上设立抵押、质押以及任何担保物权；不得出现任何损毁、破坏遗产现况的行为，以及擅自同意任何非遗嘱执行人授权的同意继承人提取遗产的行为。

遗嘱人死亡后，除了遗嘱人的人身性专属权外，其他一切财产上的权利均会被当作遗产，包括支配性财产、请求性财产等各种财产权以及法律关系。随着社会的发展，遗产的范围不断扩展，遗产的形式也日趋多样化，不再局限于有形的、人们可以直接支配的财产。从现代遗产的表现形式来看，可以分为以下几种类型：现实财产和网络虚拟财产（其中，网络虚拟财产如网络账号、比特币等，因可用现实货币进行衡量故也可作为遗产）；动产和不动产；有形财产和可支配的财产权利（后者如用益物权、担保物权、知识产权、股权、债券、基金及合同债权等）。

遗嘱执行人应当编制遗产清册，确定遗产现状、遗产保管人等。遗产较多时，遗嘱执行人可聘请专业会计师予以做账。遗嘱执行人需要判断遗产保管人的可信度，必要时，可将遗产置于自己的保管之下。

（4）代缴税收、清偿债务

遗嘱执行人需要对所有因遗产和遗嘱人行为而产生的税费进行代收代缴。遗嘱人去世后，遗嘱执行人应当发出公示催告，要求债权人在一定时间内，向遗嘱执行人提出债权请求。遗嘱执行人对债权人的申请进行审核，并以遗产予以清偿。遗嘱执行人清偿债务和费用的顺序为优先权、担保物权的债务、遗嘱执行费用和报酬、税收费用、普通债务。遗嘱执行人应当对每一项费用支出予以登记，编制债务、费用和报酬清册，并向每一个继承人、受遗赠人、信托受益人发出清册，在继承人、受遗赠人、信托受益人认可后，才能开始处置遗产。

（5）处置遗产、交付信托

遗嘱执行人根据遗嘱的要求处置遗产，并将遗产交付至信托。交付信托财产需要对财产所有权进行实质转移。不同类型财产的交付方式不同。下面我们将对常见财产类型的交付方式进行讨论。

第一，现金类财产。现金类财产的交付方式最为简便，直接由遗嘱执行人将现金转账到信托专户即可完成交付。

第二，房产。《信托法》第十条规定，设立信托，对于信托财产，有关法律、行政法规规定应当办理登记手续的，应当依法办理信托登记。未依照前款规定办理信托登记的，应当补办登记手续；不补办的，该信托不产生效力。《民法典》第二百〇八条规定，不动产物权的设立、变更、转让和消灭，应当依照法律规定登记。房产属于应办理登记手续的信托财产，但目前国内没有关于信托财产登记的法律制度。实践中，不动产登记部门往往以《民法典》作为办理房产权属登记的依据，然而由于《民法典》本身并未就房产的信托登记进行单独的规定，故不动产登记部门在进行房产信托登记时，并没有与通常的房产交易过户相区别，也未进行不同的权属登记变更程序，所以国内目前无法通过非交易过户设立信托。在房产通过交易性过户交付进信托时，会涉及较高的税负，包括契税、增值税、个人所得税、土地增值税、印花税；信托持有房产期间也需要缴纳房产税；在房产出售的时候，还会涉及契税、企业所得税、增值税、土地增值税、印花税。为了避免额外的税收负担，遗嘱人可以选择先将房产变现，再交付进信托。

第三，股权。将股权交付信托需要将股权过户到信托名下。在现行的法律中，仅有"不动产物权的设立、变更、转让和消灭，经依法登记，发生效力；未经登记，不发生效力"的规定，对于股权而言，工商登记通常仅具有对抗效力，并不产生权属变动效果。也就是说，当事人设立股权信托，即使不办理信托登记，信托依然可以成立生效，只是不能对抗第三人。但是从实际操作的角度来讲，为了避免纠纷和潜在的风险，通过登记的方式让信托当事人、债权人、潜在交易对手知道股权所有权已经发生转移是十分必要的。

第四，保单。遗嘱人作为被保险人的人身保险没有指定受益人的，保险利益是遗嘱人的遗产。遗嘱执行人根据保险公司的要求提供材料，向保险公司提出支付保险利益，需要提供的材料包括被保险人的死亡证明、保险合同、遗嘱和遗嘱确定的遗嘱执行人身份证明、其他保险公司认为需要提供的资料。保险公司审核材料无误后，将保险金打入信托专户中，即完成交付。

3. 遗嘱信托成立

遗嘱信托成立可采用两种方式来处理。第一种是遗嘱人作为信托的委托人，受托人出具书面的承诺书，承诺信托，信托成立。第二种是遗嘱执行人作为信托的委托人，与受托人签订信托合同后，信托成立。

从实际操作的角度来看，信托公司作为受托人，出于严谨和规范的信托管理要求，势必要对信托的各项细节进行明确约定，以作为后续信托运行管理的依据。而遗嘱对信托的约定通常较为简略，难以做到事无巨细的约定信托的各类事项。因此在设立信托的时候，进一步以信托合同的方式确定相关事项，是较为可行的方式。信托合同的基本要素和主体内容原则上应与遗嘱相一致，遗嘱未约定的事项，可由遗嘱执行人和受托人进行补充约定。

遗嘱信托的运行和管理

在遗嘱信托的存续期内，受托人根据委托人的意愿，为保护受益人的利益对信托进行管理。就遗嘱信托的类型而言，它应该属于事务管理类信托，而非主动管理类信托。但是，在受托人的管理过程中，并非每个事项都能在信托合同或遗嘱中找到明确的操作依据，特别是存在部分信托的存续时间很长，有的甚至可以永续,这部分信托即使在遗嘱订立的时候已经尽可能地做了详尽的安排,但也很难预设今后几十年甚至上百年中可能发生的所有事项。那么受托人的职责边界究竟该如何界定呢?如果受托人仅根据相关信托文件的约定进行执行,而不进行主观判断,可能出现受益人无限度地支取信托财产,使得信托面临因信托财产快速耗尽而终止的风险,这既不利于信托目的的实现,也不利于受托人利益的最大化。但如果要受托人进行主观判断,对各类事项进行实质的审查而不仅仅是形式上的审查,那么且不论这种做法是否超出了事务管理的范围,单其在实际中极有可能会带来争议和纠纷这一点就让人头疼。这种两难的选择也是遗嘱信托在实操中的难点之一。

笔者认为,遗嘱信托不同于普通的事务管理类信托,因委托人已经过世,故无法通过指令来明确各类事项的执行方式。为保证信托目的的实现,受托人应当享有一定的自由裁量权,但是这一权利也应当有一定的制衡,从而避免受托人的道德风险和受托人与受益人之间的纠纷。遗嘱人在订立遗嘱信托的时候,可以考虑设置信托保护人或信托监察人,通过他们来监督受托人对信托的管理,形成一种权力平衡的信托架构,从而最大限度地保障信托目的的实现。

遗嘱信托应用案例

2020 年冬天，一位老先生联系到了万向信托家族办公室，咨询与了解国内家族信托的现状。原来，老先生已身患重病，但是心中对太太和子女充满牵挂。

当信托经理问起老先生为何来咨询家族信托时，老先生才讲起了自己的故事与顾虑。老先生早年间经商，积攒下了比较厚实的家底，但是也由于忙于经营，故而很少参与子女的教育，然后又因心怀愧疚，便经常以金钱的方式弥补其错失的孩子们成长的时光，导致其儿子养成了酗酒、赌博等不良恶习。在生命的最后阶段，老先生非常担心自己万一离开，儿子继承了大笔遗产，在缺乏约束的情况下，会很快挥霍完。另外，儿子其实已有一儿一女，但是无奈没有与儿媳维持婚姻，老先生也担心自己疼爱的孙子女的生活与学业开支得不到保障，但是如果只是通过赠与或者遗嘱的方式留给孙子女一笔财产，那么这笔财产必然由其监护人代为保管。同时，老先生也担心前儿媳如果再婚，那么留给孙子女的钱可能会被混同为夫妻共同财产。此外，老先生想，如果自己先离开了，留下老伴一个人，很孤独，尽管他可能已无法陪伴老伴共同走向生命的终点，但是仍希望老伴可以感受到祖孙满堂的天伦之乐，所以老先生希望有一个工具可以替他来实现这样的愿望。

　　信托经理听完老先生的诉说，告诉老先生，家族信托的确是一个非常好的工具，如果充分使用《信托法》第十五条："……委托人不是唯一受益人的，信托存续，信托财产不作为其遗产或者清算财产……"，老先生如果在生前设立信托且得到配偶的同意，并且受益人是除自己以外的家庭成员的话，那么即使过世，该信托财产也不会作为老先生的遗产进行分割，并且该信托必须按照信托文件约定的条款进行，只有在受益人满足一定条件后才可获得信托利益。

　　经过一番耐心的解释，老先生理解了如果正确使用信托，那么是可以实现自己的许多愿望的。但现实情况是，老先生的身体状况非常糟糕，随时都有病危的可能，让其完整地参与信托的设立过程，可能时间上来不及。于是，信托经理建议老先生考虑采用遗嘱信托的方式，生前尽快拟定一份遗嘱，在遗嘱中要明确表示遗产用于设立信托以及确定相关的管理方式，同时指定遗产管理人，并将该遗嘱进行公证，请所有法定继承人进行见证。

　　所幸，老先生听取了信托经理的建议，在律师的帮助下，快速拟定了遗嘱，同时指定遗产管理人（多名），将遗嘱中用于设立信托的遗产（现金）汇入遗产管理人开立的共管账户，并将该遗嘱进行公证，请所有法定继承人签字见证。至此，设立遗嘱信托的第一步就完成了。这一步相当关键，能够确保遗嘱有效，以及未来遗产可交付至信托中。

很不幸,老先生最终还是因为病重离开了他挚爱的家人们,尽管生前做了许多安排,但是遗产纷争并没有避免。首先便是儿子不同意以遗产来设立信托,尽管他已经在遗嘱上签字见证,但是在面对巨额遗产的那一刻,他还是动摇了。经过律师、遗产管理人、信托经理以及其他家人的劝说,儿子终于意识到,自己挑战遗嘱并且获胜的概率很低,此外,老先生生前已经将财产交给了遗产管理人。如果儿子愿意配合成立信托,那么还可以作为信托的受益人,每个月从信托中领取生活费,以及报销未来所有的医疗费用;而如果儿子不同意配合成立信托,那么遗产纷争的僵局可能将长期持续,并且在这持续期间,儿子不仅得不到巨额遗产,甚至可能连生活费都没有。最后,儿子经过再三衡量,同意以遗产来设立信托。至此,设立遗嘱信托的第二步完成,即遗产可交付至信托。

虽然从情感上,所有的法定继承人都同意设立信托了,但是在法理上,遗嘱信托的成立与生效却面临了难题。根据《信托法》第八条:"设立信托,应当采取书面形式。书面形式包括信托合同、遗嘱或者法律、行政法规规定的其他书面文件等。采取信托合同形式设立信托的,信托合同签订时,信托成立。采取其他书面形式设立信托的,受托人承诺信托时,信托成立。"结合本案例的实际情况，以遗嘱的形式设立信托符合"书面形式"，但是"受托人承诺信托时，信托成立"这一描述却让信托经理犯了难，因为信托经理不知道受托人怎样的"承诺"才算法律规定的"承诺"。难道仅仅是口头承诺吗？那么受托人该向谁口头承诺呢？难道是签署信托合同进行书面承诺吗？但是委托人都已经不在世了，那么该由谁来签署这个信托文件呢？

信托经理查阅了大量的文献资料，也学习和借鉴了日本的遗嘱信托的成立与生效规则，最后发现，日本的民事信托制度的发展与应用已经比较成熟，尽管日本《信托法》中的第二条以非常简单的语言进行了描述："信托可依据遗嘱进行"，但是自 1949 年日本成立"家事法院"以来，已经形成一套完整的程序（人事诉讼、家事调停与家事审判）来解决家庭纠纷。根据日本的《家事事件程序法》，在遗嘱中并无指定特定信托受托人的，日本家事法院可以采用"法院指定受托人"并取得受托人"应诺"的方式来确定受托人。然而，中国的民事诉讼原则是"不诉不理"，本案中的老先生并没有在遗嘱中指定万向信托作为遗嘱信托的受托人，这样来看万向信托都不算是本案的当事人，那么就更无资格向法院提起诉讼，并且其他当事人（继承人）也不存在对遗嘱有异议或者对选任受托人有异议的情形，而且中国更没有就指定遗嘱信托受托人的相关判例。因此，信托经理不得不思考，是否应该采用

"信托合同形式设立信托"。事实上，遗嘱信托是一种典型的"单方法律行为"，遗嘱有效是信托生效的前提，至于委托人是否和受托人签署书面文件，并不影响信托生效。但是，为了在中国现行的法律框架体系内实现"受托人承诺"这一生效条件，受托人可采用与"全体法定继承人"或者"遗产管理人"签署信托文件的方式来实现书面承诺。至此，设立遗嘱信托的第三步已完成，即受托人表示承诺，使得该信托生效。

遗嘱信托与生前信托的重大差别是，生前信托的委托人依然在世，当家庭成员或家庭关系发生一些变化的时候，委托人依然有重大决策权，而遗嘱信托是一种被动的管理方式，受托人应当严格按照遗嘱中所表述的内容，尽最大努力成为"委托人从坟墓中伸出来的手"。然而这毕竟只是一份不会说话的遗嘱，因此有时候可能存在一些字面上的歧义，进而导致其无法应对千变万化的家庭变故。因此，遗嘱信托严格考验着受托人能否履行忠实义务、诚实守信义务与信义义务，同时也考验着受托人如何适度发挥自由裁量权。本案中，老先生的遗嘱表达出要保障太太的日常生活开支与疾病报销、儿子的日常生活费与疾病报销、孙子女的日常生活费与学费以及其他兴趣活动辅导费等其他各种合理支出。因此，该信托在实际管理过程中便出现了不同受益人对"等其他各种合理支出"的不同理解。有的认为修缮房屋也是合理支出，有的认为雇用保姆也是合理支出，有的认为旅游也是合理支出，等等。那么，如果受托人在管理过程中无顾忌地满足受益人提出的各种条件，那么可能会导致该信托的信托财产很快消耗殆尽。于是，信托经理与监察人反复研读老先生的遗嘱，反复沟通老先生生前表达过的各种想法与愿望，并且反复测算该信托未来面临的刚性支出与现金流，最终认为，老先生生前的种种行为与设立遗嘱信托所想表达的意义首先是保障家人们的生活、养老与学业，因为这是人生存之基本。因此，该信托应当首先保障老人的生活费与疾病治疗费，以及其他人的生活费和学费，至于"等其他各种合理支出"应当等该信托实现基本信托目的后，在有盈余信托财产的情况下，再予以支付。为了实现该信托目的，受托人不得不核对受益人每一笔用款的真实去向，要求受益人提供相关的票据凭证，以免信托财产被滥用。至此，遗嘱信托的第四步已完成，即信托存续与运行管理。

　　遗嘱信托的设立与生效并没有法条描述得那么简单，但是在许多时候，出于时间紧迫等原因，遗嘱信托也成为不二之选。尽管本案例中的遗嘱信托设立得比较艰难，运行与管理的过程也很考验受托人，但是相信随着中国法律制度的进一步完善，遗嘱信托一定会成为许多家庭的选择。

四、遗嘱信托发展相关建议

完善遗产管理制度

遗嘱信托最大的难点和不确定性出现在信托财产的交付阶段。在被继承人死亡至遗产分割的这段时间内，遗产的权属实际上处于法律调控的"真空"状态。如果遗产无人管理或者管理不当，那么信托财产的交付就无法实现。因此，遗产的完整和安全是信托财产交付的前提。遗产管理制度就是为了保障遗产的完整性和安全性，公平、有序地分配遗产，使遗产上的各项权利得以实现的一项综合性制度。相比于《继承法》，《民法典》中增加了遗产管理人制度，在第一千一百四十五条至第一千一百四十九条规定了"遗产管理人的选任、指定、职责、责任、报酬"，这有利于保护遗嘱人的合法权益。但是在实际应用中，面对纷繁复杂的现实情况，仍有可能出现许多具体问题。第一，遗产被他人侵占时，遗产管理人应该如何处理？对于遗产中含有债权的，若债务人拖延或拒绝偿还债务，遗产管理人应该如何解决？这就需要进一步明确遗产管理人的法律地位，赋予遗产管理人起诉、应诉、追回被继承人的遗产等权利。第二，如果在遗嘱人去世后、遗产分割前，遗产出现增值，增值的部分应该如何处理？第三，按照《民法典》第一千一百四十九条规定，遗产管理人可以依照法律规定或者按照约定获得报酬。如果遗嘱中没有相关约定，遗产管理人应该如何按照法律规定收取报酬？现行的法律在上述方面尚存空白，需要出台相关的实施细则加以完善。

完善信托财产登记制度和税收制度

信托财产登记制度缺失和信托相关税收制度不完善在一定程度上制约着不动产遗嘱信托的发展。房产的非交易性过户仅包括继承、更名和产权分割，信托对于房产不构成非交易过户的情形。由于相关部门无法依据信托合同办理非交易过户，因此在将房产交付信托的时候只能通过交易过户的方式，缴纳交易相关的税费；而受托人在出售房产和股权财产，或将这类财产分配给受益人时，还需要再次缴纳税费，这就造成了重复征税的问题。在中国居民财富传承的需求中，不动产的传承所占比重较高，因此建议尽快建立和完善相关制度，以按照实质课税为原则，在委托人交付信托财产和受益人获得信托利益分配的环节，免征不动产土地增值税和契税，从而打破藩篱，推动遗嘱信托的发展。

信托公司与相关机构建立合作关系

信托公司应当与提供遗嘱和继承相关服务的机构建立合作关系，共同推动遗嘱信托的发展。该类机构主要包括公证机构和律师事务所。

公证机构作为权威法律机构处理家庭财产流转事务的历史悠久。自新中国成立以来，公证机构就一直从事遗嘱订立、遗产继承和财产分配等家庭财产流转处理业务。经过多年的实践，公证行业已经形成以"遗嘱＋继承"为核心的财产业务模式，在财富传承等家事法律服务领域具有较为全面的能力。同时，完善的公证程序能确保隐私内容安全。按照《公证法》和《公证程序规则》以及公证档案管理的相关规定，遗嘱人和遗嘱信托的所有信息在遗嘱人健在时要绝对保密，除遗嘱人之外，任何人不得查询和获取，遗嘱卷宗作为国家档案按照密卷要求单独保管。只有当遗嘱人去世之后，根据利害关系人的申请才能依法查询。信托公司与公证机构合作遗嘱信托有两方面的优势：一方面，信托公司能够借助公证机构在家事服务方面的能力，甄选真正有需求的客户，执行规范化的流程，更加顺利地实现财产交付和信托设立；另一方面，信托灵活的架构设计和专业化的财产管理能力，能够与公证机构实现优势互补，为客户提供更加全面的服务，实现客户的传承心愿。

律师事务所也是提供家庭财富传承服务的重要机构，特别是对于具有复杂传承需求的高净值人群和家庭而言，律所能够在遗嘱订立、传承架构设计、遗嘱执行、信托监督等方面提供专业的法律服务。信托公司与律所合作，同样能够发挥各自在金融和法律方面的比较优势，共同为客户提供全面的遗嘱信托服务。

信托公司适当拓展服务范围

从目前信托行业的发展来看，信托公司所提供的财富传承服务主要集中在生前设立的家族信托，而对遗嘱信托等服务涉及较少。在遗嘱信托业务中，信托公司只能担任受托人的角色，被动地等待信托财产的交付和成立。随着遗嘱信托业务的发展，未来中国的信托公司也可以借鉴日本信托公司的发展模式，适当拓展服务范围，除担任受托人外，也为客户提供遗嘱订立、遗嘱保管、遗嘱执行等方面的服务，从而形成业务闭环，更好地为客户提供全方位的服务。

第六章

✦ 家庭慈善 ✦

一、家庭与慈善文化

从心理学的角度来说，家庭幸福取决于家庭成员之间的爱。同样，社会和谐则取决于社会成员之间对彼此的爱。

中国有句古话："修身，齐家，治国，平天下。"古人把提升个人修养放在第一位，认为经营好家庭，然后才有能力管理国家，平定天下。可见在古人眼里，经营好作为社会重要组成细胞的家庭是多么重要，而古人治理家庭的智慧体现在"仁义""道德""人本"等理念之中，这些理念也被广泛应用于国家治理。这些理念的核心思想还是"大爱"之慈善思想。

中国儒家慈善文化

众所周知，儒家文化贯穿了中国历史的各个阶段，同时也是主导古代中国封建政治体制发展的核心思想。尽管在中华文明的发展历程中，也曾出现过道家、法家等治国思想，但即使"儒""释""道"最终走向融合，"儒"依旧处于主导地位。

儒家思想强调"仁政""以人为本"，这些思想均与"爱人"有关，强调君主应以"仁"爱子民，以"德"敬天保民。《中庸》载，"凡此九经，其事不同然，总其实不出乎九经、尊贤、亲亲三者而已；敬大臣，体群臣，则自尊贤之等而推之也；子庶民，来百工，柔远人，怀诸侯，则自亲亲之杀而推之也"，"柔远人，怀诸侯"。这里的"子庶民"就是爱民如子的意思。《荀子·君道》篇载："故有社稷者而不能爱民，不能利民而求民之亲爱己，不可得也。"意思是说，君王如果拥有土地河海却不能爱护老百姓，所做之决策也不是为了百姓的利益，那么想要老百姓拥戴自己，这是不可能的。这是"仁政"思想中一个极其重要的思想，即"惠民"。这种要求统治阶级拥有"大爱"思想的治国纲领，便是儒家慈善思想的特色。

"留余庆"的思想为儒家慈善思想提供了老百姓进行与自身利益相关联的慈善活动的理论基础。《周易·经乾传》载："积善之家，必有余庆，积不善之家，必有余殃。"《尚书·伊训》也载："作善降之百祥，作不善降之百殃。"这样，"行善"的观念逐渐在百姓家庭之间普及。

历史上，唐、宋、明、清等朝代均有不少君主兴办或扶持慈幼局、养济院、普济堂等各类慈善机构。例如，清朝时期，苏州府就有 127 个慈善组织，松江府有 87 个慈善组织，嘉兴府有 37 个慈善组织，湖州府有 23 个慈善组织。著名的徽商、晋商以及宁绍与洞庭等商帮在经商致富以后，也自觉加入扶贫扶弱的社会慈善活动中。由此可见，中国慈善文化是随着社会的发展逐步从官方走向民间，并走向家族（庭）和个人。

西方的现代慈善文化

西方慈善文化的思想主要来自基督教的"博爱"价值观，基督教推崇"爱上帝"和"爱人如己"。《新约·马太福音》记载："在原始基督教教义中，耶稣无条件地爱人，把自己献给每一个男人、女人和孩子，他要求人们给饥饿者以食物，收留无居所的人，看望病人和犯人。"在基督教教义中，信仰上帝和爱上帝是人生在世最基本的信念，同时也把上帝对普通人的爱转化成上帝教导人与人之间也应有爱，不仅应该不分亲疏地泛爱与互爱，也包括爱弱者、爱仇敌。因此，基督教义中博爱价值观的广泛传播，更容易使人超越宗族、血缘、亲情的束缚，而建立起更普遍的人文关怀和人道主义的普世价值观。

基督教起源于中东地区的巴勒斯坦地带的犹太民族下层，其融合了古埃及文明、古巴比伦文明、古犹太文明、古希腊文明和古罗马文明，多种文明的交融使得它更具有包容性，更具有鲜明的忍耐、平等、博爱的精神，从而构筑起西方文化的精神支柱，其中慈善便是表达这种爱的最好方式。

美国被认为是现代慈善事业最发达的国家之一，而其慈善思想的发展得益于基督教教义的广泛传播。众所周知，美国是一个移民国家，在移民过程中形成的各种族移民群体之间的关系早已超出以亲情和血缘为纽带的家族范畴，并扩展至社会陌生人的范畴。这种基督教倡导的普遍慈爱之理念，成为来自不同民族和大洲的移民最终得以在美国安顿下来的精神动力。随着博爱价值观的广泛传播，更多人获益于来自团体和个人的慈善捐助，从而更加肯定能建立互助友爱的生存环境。现实生活中，来自社区、社团和个人的互济活动更加普遍，慈善也成了普遍的个人自觉意识。

因此，西方国家的私人慈善事业的发展要远优于官办慈善事业的发展。早在中世纪时期，大多数基督教徒就把收入的 1/10 捐给慈善组织，用以帮助孤儿、残疾人、病人等；每逢重大节日，还必须进行特别募捐用以救助穷人。在当代经济发达的西方国家，慈善捐助已经成为一种社会风气，从事慈善工作也已成为社会公众的自觉行为。

当前中美慈善结构的比较

1. 慈善捐赠来源

根据中美两国最新公布的《2018 年度中国慈善捐助报告》和"Giving USA 2019"可以清楚地发现，在中国，慈善捐赠以企业捐赠为主，企业捐赠在慈善捐赠总额中的比例达到 61.89%，而个人捐赠只有 25.05%。美国的情况却恰恰相反：个人捐赠是慈善捐赠的绝对主体，占比达到 68.00%，而企业捐赠仅占 5.00%；如果再加上来自家族基金会的捐赠和遗产捐赠这两部分实质上也是来自个人的慈善捐赠，那么个人捐赠的比例将高达 80.00%。除此之外，近年来的数据还表明，中国的慈善事业发展尚未定型，受突发事件、环境和政策的影响较大，慈善捐赠的结构还存在波动，尤其是个人捐赠的部分（见图 6-1）。

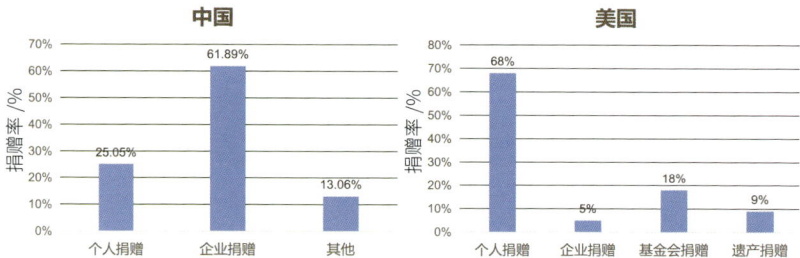

图 6-1　中美 2018 年慈善捐赠结构

数据来源：《2018 年度中国慈善捐助报告》和"Giving USA 2019"。

2. 慈善事业动员方面

在中国，慈善事业不只是个人的行善之举，而且在不同程度上扮演了辅助国家治理和促进社会发展的角色。在中国，单位行政动员和因突发事件而导致的偶发性动员比较普遍。中国的慈善统计数据显示，每每遭遇重大自然灾害、事故灾难等突发事件，当年的慈善募捐总额的增长都会明显超过经济增长水平，但在接下来的年份又会回落到之前的发展轨迹。

在美国，慈善和社会普遍价值观息息相关，因受基督教影响，故许多基督教家庭仍然遵循着"什一捐"，即将收入的十分之一捐赠给教会或社区。有的家庭还会一起商定捐赠目标，将慈善捐赠作为长期固定的家庭行为，身体力行地教育孩子从小养成将零花钱的一部分拿出来捐给别人的习惯。学校也倡导日常捐赠，不仅会组织慈善义卖等活动，还会将慈善捐赠的真实情形移植到课堂（由慈善组织提供供课堂使用的捐赠资金），由学生扮演捐赠者的角色，全程参与并落地慈善项目，这被称作体验慈善学（experiential philanthropy）或学生慈善（student philanthropy）。这种课程历经数十年的发展，在美国的中小学以及高等院校中十分流行。

二、家庭与慈善教育

美国被认为是现代慈善事业最发达的国家之一，然而美国民众的慈善意识并非生来就具备，教育在美国民众的慈善意识形成过程中发挥着极其重要的作用。美国的家庭慈善教育是民众慈善意识培养的启蒙阶段，父母的引导和示范为孩子慈善意识的发展奠定基础，他们认为：家庭慈善教育是人类慈善教育的起点，是净化孩子心灵的催化剂；学校是美国民众慈善事业养成的重要场所，它从多方面入手，对学生的慈善意识进行系统性培养，具有极强的渗透性和启发作用；而社会是美国民众慈善意识获得培养后得以实践的最终场所，社会慈善实践使民众的慈善意识得到升华。

那么，到底什么是现代慈善意识？家庭作为慈善意识的启蒙摇篮，应该怎样开展慈善教育呢？现代慈善事业发达的美国又是怎样开展家庭慈善教育的呢？

现代慈善意识

慈善意识是推动慈善事业发展的深层次因素，只有人们发自内心地愿意做慈善，社会的慈善事业才能发展。可以看出，树立正确的、科学的、长远的慈善观是多么重要。

古往今来，纵横中西，慈善行为是一种广泛的帮助行为，因此，慈善事业的开展免不了经常会与"恩赐""怜悯""有差别的爱"等说法绑在一起。但是随着经济发展与思想进步，这种意识反而阻碍了慈善事业的发展。现代慈善意识的核心可被归纳为"平等""博爱""互助""社会责任"。

　　"平等"是指在慈善行为中，双方的人格完全平等，捐助者不应该站在道德制高点去评判和审视受资助者，遭受不幸的社会成员有权利从其他社会成员或者政府机构处得到救助。"博爱"是指慈善行为的对象不应仅局限于血亲、家族、周围熟悉的人等，而是应该将爱扩大到更多对象。并且"博爱"还指主动为他人提供帮助的奉献精神，这种爱不求回报也不功利，是可以让慈善事业长久发展下去的重要精神。"互助"是指人与人之间的互相帮助与扶持。慈善其实不是一种单向行为，救助者与被救助者也只是在某一个特定时点下的特定角色，随着时间的变化，这样的身份可能会发生互换，所以"互助"意味着对其他社会成员的回馈。"社会责任"是指先富起来的人通过一定努力使其他社会成员共同享受社会经济发展的成果。当今社会，科技发展日新月异，经济发展速度快，贫富差距也在不断拉大，除了客观经济规律的作用之外，先富起来的人早期也是通过牺牲一部分的环境代价、一定的其他社会成员的福利来获得较多财富的。因此，拥有符合现代文明和社会公正的财富观变得非常重要，富裕人士通过慈善的方式修复环境、提升其他社会成员的福祉，让其来源于社会的合法财富也能回馈社会。

家庭慈善教育的重要性

中国有句俗语"三岁看大，七岁看老"，意思是从三岁孩子的心理特点、个性倾向，就能看到这个孩子青少年时期的心理与个性的雏形；而在七岁孩子的身上也能看到他成年以后的成就和功业。这句话其实概括了幼儿心理发展的一般规律。

心理学家认为幼儿期是儿童心理发展的一个重要时期。在这一时期，儿童具有模仿能力强的特点，在兴趣爱好、行为习惯等方面都开始表现出自己独特的倾向，并且也会逐步建立自己的秩序感，出现逆反心理。因此，在这一时期，如果父母充分展示出对其他家庭成员、邻居、动物等的关心与帮助，那么将为幼儿的个性形成打下良好基础。另外，如果父母和家庭成员能时刻注意自己的言行举止，与身边人相处时表现出关爱、关心、同情心等，在日常生活中为孩子树立良好的慈善榜样，那么儿童也会积极模仿，从而形成健康的心理。英国著名作家萨克雷说过："播种行为，可以收获习惯；播种习惯，可以收获性格；播种性格，可以收获命运。"

因此，父母重视家庭慈善教育，并且身体力行，积极引导子女参与慈善，培养慈善意识，有利于子女的身心健康。

美国家庭慈善教育的主要方式

美国父母普遍认为，家庭是培育孩子利他精神和社会责任的最初场所，也是慈善意识和慈善行为的"孵化地"。因此，慈善教育是美国家庭教育中不可缺少的一部分，这主要体现在以下几个方面。

1. 营造和谐与平等的家庭氛围

在个人主义价值观的影响下，美国家庭的父母非常鼓励子女表达自己的想法，并鼓励他们付诸实践。美国家庭的生活氛围大多比较民主，父母尊重孩子的想法，并愿意与孩子平等沟通。孩子们在这种平等、民主的环境下长大，能感受到别人对他的尊重，也自然能学会尊重别人。美国的父母正是在这种平等相处的关系中，对孩子展开慈善教育，让孩子拥有一个平等的心态去面对接受他们帮助的人。

《学习的革命》这本书强调环境对孩子成长的影响，作者写道："生活在批评中的孩子收获的是谴责；生活在恐惧中的孩子收获的是忧虑；生活在耻辱中的孩子收获的是嫉妒；生活在鼓励中的孩子收获的是自信；生活在表扬中的孩子收获的是感激；生活在接受环境中的孩子收获的是爱。"

2. 父母积极参与慈善，树立榜样

美国的大众慈善意识深入人心，父母会身体力行地积极参与慈善活动，为孩子们树立榜样。事实上，研究表明，家庭慈善行为是具有代际传递效应的，即父母的捐赠行为、捐赠偏好、参与志愿服务等都会对子女产生积极影响。

美国中产阶级以上的家庭普遍拥有比较强的家庭观念，这得益于宽容的职场与社会文化，美国的家长拥有更灵活的假期安排制度，可协调出更多时间用于陪伴子女。因此，在子女未成年之前，父母会选择尽可能多地陪伴子女，并与子女共同参加各种慈善亲子活动。例如：摆摊售卖自己多余的玩具或者特别制作的食物，以便为某些需要帮助的群体筹资；或者自发组织与表演节目，为改造与提升社区进行募资；又或者前往其他贫穷国家与地区进行支教或者参加环境保护的志愿活动等。参加这些活动可以让孩子们意识到，自己作为社会公民未来应当承担起更多的社会责任，例如，当遇见有困难或者遭遇不幸的人时，施以援手。

德国家庭慈善教育的主要方式

德国在欧洲具有较强的经济实力，其经济的发展离不开德国人特有的严谨与创新等优良品质，而这些独特品质的形成离不开德国的教育，尤其是早期的家庭教育。德国家庭教育的最大特色就是把教育的责任归于父母,这一点在德国的宪法中有明确规定,"教养儿童是父母的自然权利和义务,真正承担教育责任的是父母"。配套实践这种理念的是德国的社会福利制度,德国不仅在政策上鼓励父母多在家带小孩,而且在经济上也给予足够的补贴。在德国,幼儿园一般只开放半天,家中有 3~6 岁幼儿的父母中的一方可只上半天班,或者不上班,这样的安排为孩子与父母提供了充足的相处时间,使孩子真正感受到来自家庭与父母的爱。值得一提的是,相比中国家庭的"丧偶式育儿"(在家照顾孩子的多为母亲),德国政府则更加鼓励父亲在家带小孩。

总的来说,主要的欧美国家基本上拥有近似的价值观,因此,欧美家庭的家长对于慈善教育的重视程度和教育方法也近似。但相比之下,德国也有其一定的特色。

1. 善良教育

多数德国儿童接触"慈善"是从关爱动物开始的。通过与小动物们(如小猫、小狗、小兔、小金鱼等)的接触,在孩子幼小的心灵中播撒下"慈善"的种子,并且在这一过程中体会如何细致入微地照顾弱小生命,借此培养孩子的善良、仁爱之心。因此,德国家庭多会鼓励孩子领养小动物或者为濒危动物提供力所能及的保护,并且在喂养小动物的过程中,父母会提出一定的要求,例如,注意观察小动物,写出饲养记录,说出小动物的可爱之处等。

当然，在与小动物相处的过程中，也可能出现孩子虐待小动物的现象，这种现象在德国是会引起父母、学校与社会高度重视的。他们认为，虐待小动物与严重的品德问题之间存在某种联系。很多研究表明，一个成长在以虐待为乐的环境中的孩子在以后的人格塑造过程中往往具有暴力倾向。因此，饲养小动物被视作善良教育的开始。

2. 劳动教育

劳动教育是德国家庭慈善教育的重要内容。在德国，不为孩子包办事情，让孩子独立思考，培养孩子的自立能力、公民社会意识、担当和责任意识成为父母们的共识。劳动教育可以帮助培养这些品格。德国的法律甚至还规定：6 岁之前可以尽情享受玩耍的乐趣，不必承担做家务的义务；6~10 岁，应有意识地开始帮助父母完成洗碗、扫地、买东西等力所能及的家务；10~14 岁，不仅要剪草坪、洗碗、扫地，还要为全家人提供擦鞋服务；14~16 岁，要承担洗汽车、整理花园等家务劳动；16~18 岁，如果父母上班，应当定期进行家庭大扫除。如果孩子不遵守或违反相关规定，在父母的许可或要求下，地方政府可采取有效的方式敦促孩子执行上述法条。

3. 自然教育

德国人非常重视生存环境，关注自然，并将慈善的对象扩展到大自然。因此，德国家庭注重让孩子亲近大自然。亲近大自然的户外活动，不仅能够让孩子们了解自然，更能让他们知道大自然是有生命的，应该对大自然充满敬畏。在德国人眼里，孩子是一粒种子，需要自然的生长环境，不可严加约束。在他们看来，孩子之所以能够与自然和谐相处，是因为作为自然人的孩子和大自然之间有一种与生俱来的默契与和谐。

实际上，世界上自然教育最成熟的国家当属芬兰，他们甚至把课堂搬进森林，把自然融入生活，把知识融入自然教育，用芬兰老师的话来说，在森林里，他们什么课都可以教，如生物学、植物学、数学、艺术、音乐、语言等等。孩子们在大自然的环境下，通过调动身体的各个器官来感受大自然的魅力，更容易产生保护自然环境的责任心。

三、如何设立家庭慈善教育信托

家庭慈善教育信托的概念

家庭慈善教育信托是指以家庭为出资单位，以慈善为用途，以教育为结果而设立的慈善信托。该信托具有不可撤销性。

设立家庭慈善教育信托的意义

1. 养成持续性参与慈善活动的习惯

从小培养孩子的慈善意识，不仅可以帮助他们养成积极的心态，还可以培养他们的共情能力以及对弱者的同理心。但慈善意识的培养有一个潜移默化的过程，故需要长期的实践。

中国目前尚未形成广泛的民众慈善意识，慈善捐赠也呈现出偶发性和以政府与企业参与为主的特点，民众没有养成长期捐赠、长期参与的习惯，甚至在许多人的眼中慈善等同于捐赠，因此忽视了主动规划、亲身参与慈善活动等方面。

不同于当发生重大事件时的积极捐赠，家长设立家庭慈善教育信托后，可以自然地培养起持续、长期的捐赠习惯。随着家庭收入的增加或减少，家长可以自由决定增加或减少捐赠金额、捐赠频次等。此外，伴随着捐赠习惯的形成，还有科学的理财意识，在这个过程中，家长更容易审视自己的收入、资产结构、未来支出、教育规划等情况，进而能够合理评估家庭的财产情况。

2. 个性化慈善方案满足不同家庭的教育需求

不同于做慈善就是把钱捐给基金会并由基金会执行慈善项目的做法，家长设立家庭慈善教育信托拥有很强的自主性，不仅可以自主决定捐赠金额、捐赠频次，还可以自主决定慈善方向，并且能够亲身参与、执行慈善项目。

例如，有的家长特别关注"教育公平"的问题，非常希望自己的小孩可以帮助经济稍落后地区的小孩，改善他们的生活条件和学习条件。那么父母可以设立一个慈善教育信托，带领小孩选择资助的对象，向慈善信托签署资助指令，如购买书籍、电脑等，并且家长可以亲自带着孩子们赠送这些学习资料。当然，如果没有特别偏爱的慈善方向，那么父母也可以寻求受托人或者公益组织的帮助，由他们提供更专业的慈善建议。

3. 家庭慈善教育信托将长期伴随着孩子成长

经常有人说，家风传递非常重要，从某种角度来说，慈善教育信托便是这种传递的优良载体。

父母设立家庭慈善教育信托以后，孩子们便可以在潜移默化中感受到持续捐赠的力量，感受到参加慈善活动给他们带来的快乐，在父母的榜样作用下，长大后的他们也将成为这个慈善信托的主角。

设立家庭慈善教育信托的步骤

1. 确定慈善目标

设立家庭慈善教育信托，伴随着的是家长对一些社会问题的关心，以及希望尽绵薄之力解决此类社会问题。因此，确定一个适合自己家庭价值观的慈善目标,对这个家庭慈善信托今后的发展有很重要的指导意义。

有的父母希望孩子们能养成保护自然环境的好习惯,有的父母重视帮助其他人接受教育,有的父母希望振兴乡村,有的父母希望推广体育文化,等等。当然,初次设立家庭慈善教育信托的时候,许多父母并不一定能清楚地说出自己最关注的慈善方向是什么,但却愿意尽可能多地资助各种慈善项目,不论是抗洪救灾、乡村振兴、希望工程还是扶贫扶困。事实上,选择一个广泛的慈善目的并不影响这个信托的有效性,但需要在信托文件中阐明慈善目的的范围,并规定未来该慈善信托支出的项目不得超过信托文件中约定的范围。

随着慈善信托的运行,父母们将积累越来越多的经验,最初对设立慈善信托感到迷茫的父母们,也将越来越清楚自己家庭未来应该专注的慈善领域有哪些。

2. 确定捐赠方式

设立家庭慈善信托其实是一种捐赠行为,有别于赠与个人或捐赠至公益基金会,慈善信托可以设计不同的捐赠方式。以下为一些建议。

一是一次性捐赠。父母可以根据家庭的经济状况,在设立家庭慈善信托时,一次性捐赠一笔资金作为信托财产,并且通过理财的方式将信托财产保值增值，定期将收益部分用于资助慈善项目。

二是持续性捐赠。父母可以根据自己的收入情况，在设立家庭慈善信托时，于信托文件中约定，每年定期向该慈善信托捐赠资金，并定期将信托财产用于资助慈善项目。

三是鼓励性捐赠。在家庭慈善信托设立时，父母可作为初始捐赠人在信托文件中约定，若子女参加工作后拥有稳定的收入来源，则可以增加其为委托人之一。子女可根据自己的收入情况，自行决定捐赠金额。

3. 订立信托合同

当父母确立好慈善目标、确定捐赠模式后，即可根据自己的需要与受托人签署信托合同。

父母可以在信托合同中约定慈善项目资助的方式。例如：有的父母约定子女 18 周岁之前，由父母签署资助建议书，在 18 周岁之后由子女自己签署建议书；有的父母约定，子女 18 周岁之前，父母必须定期捐赠，并且可以不发生资助，待子女 18 周岁后，由子女自行决定资助项目等。

家庭慈善教育信托的运作

1. 信托登记与备案

订立家庭慈善教育信托文件后,受托人需向中国信托登记中心进行登记,并向受托人所在地的民政部门进行备案。父母可登录相关网址（https://cszg.mca.gov.cn）查询该慈善信托的备案情况。

2. 资助与支出

当父母认为找到值得资助的慈善项目时,可以依据信托文件的约定,与受托人签署资助建议书,并经由受托人审核完成资助。

3. 管理报告

在家庭慈善教育信托的管理与运作期间,受托人应当根据信托文件的约定,定期向委托人（父母）出具管理报告,清楚记载收支情况、资助项目明细等。

四、公益 / 慈善遗嘱信托的探讨

前文我们讨论的均为私益信托,即受益人是遗嘱人的家人,或是遗嘱人指定的特定自然人。那么遗嘱信托是否可以是公益 /

慈善的，也就是受益人能否是不特定的社会公众？笔者认为理论上也是可行的，且公益／慈善遗嘱信托设立的流程与私益遗嘱信托并无不同。但实际上，以公益／慈善为目的的遗嘱信托会面临较高的操作难度。一方面，困难来自法定继承人的挑战，假如遗嘱人去世时有法定继承人，那么法定继承人挑战遗嘱的可能性较高；另一方面，遗嘱人选择设立遗嘱信托而不是单纯地捐赠出去，说明遗嘱人有一些特殊的安排，在信托的运营中，受托人需要承担更多的主动管理责任来实现信托目的，这对受托人而言也是一个不小的挑战。

对于一般人或普通的富人，设立单纯的公益／慈善遗嘱信托的可能性较小，但是部分私益、部分公益的遗嘱信托应该会有一定的需求：其中公益的条款可能是或然性的，这取决于某个条件的实现，例如所有的私益受益人均去世。在海外，有很多富豪会选择将遗产用于慈善事业，这有两方面的原因：一方面是出于善心，另一方面是源于税收的推动。在一些征收遗产税的国家，例如美国，把遗产用于慈善事业能够避免遗产税。未来，如果中国开征遗产税，那么带有公益／慈善遗嘱信托的需求也会随之增多。